චතුරාර්ය සත්‍යාවබෝධයට ධර්ම දේශනා....

සැබෑ බසින් මෙම සෙත සැළසේවා !

පූජ්‍ය කිරිබත්ගොඩ ඤාණානන්ද ස්වාමීන් වහන්සේ

චතුරාර්ය සත්‍යාවබෝධයට ධර්ම දේශනා....

සැබෑ බසින් මෙම සෙත සැළසේවා !

පූජ්‍ය කිරිබත්ගොඩ ඤාණානන්ද ස්වාමීන් වහන්සේ

© සියලුම හිමිකම් ඇවිරිණි.

ISBN : 978 955 0614 30 1

ප්‍රථම මුද්‍රණය : ශ්‍රී බු.ව. 2555 ක් වූ වෙසක් මස පුන් පොහෝ දින

- සම්පාදනය -

මහමෙව්නාව භාවනා අසපුව
වඩුවාව, යටිගල්ඔළුව, පොල්ගහවෙල.
දුර : 037 2244602
info@mahamevnawa.lk | www.mahamevnawa.lk

- පරිගණක අකුරු සැකසුම, පිටකවර නිර්මාණය සහ ප්‍රකාශනය -

මහාමේඝ ප්‍රකාශකයෝ
වඩුවාව, යටිගල්ඔළුව, පොල්ගහවෙල.
දුර : 037 2053300, 0773216685
mahameghapublishers@gmail.com | www.mahameghapublishers.com

- මුද්‍රණය -

ලීඩ්ස් ග්‍රැෆික්ස් (පුද්.) සමාගම,
අංක 356 E, පන්නිපිටිය පාර, තලවතුගොඩ.

චතුරාර්ය සත්‍යාවබෝධයට ධර්ම දේශනා....

සැබෑ බසින් මෙම සෙත සැළසේවා !

පූජ්‍ය කිරිබත්ගොඩ ඤාණානන්ද ස්වාමීන් වහන්සේ
විසින් පවත්වන ලද සදහම් වැඩසටහන් වලදී දේශනා කරන ලද සූත්‍ර දේශනා ඇසුරෙනි.

මහාමේඝ
MAHAMEGHA

ප්‍රකාශනයකි

පෙළගැස්ම....

"දසබලසේලප්පභවා නිබ්බානමහාසමුද්දපරියන්තා
අට්ඨංග මග්ගසලිලා ජිනවචනනදී චිරං වහතූති"

දසබලයන් වහන්සේ නමැති ශෛලමය පර්වතයෙන් පැන නැගී
අමා මහා නිවන නම් වූ මහා සාගරය අවසන් කොට ඇති
ආර්ය අෂ්ටාංගික මාර්ගය නම් වූ සිහිල් දිය දහරින් හෙබි
උතුම් ශ්‍රී මුඛ බුද්ධ වචන ගංගාව
(ලෝ සතුන්ගේ සසර දුක නිවාලමින්)
බොහෝ කල් ගලාබස්නා සේක්වා!

(සළායතන සංයුත්තය - උද්දාන ගාථා)

නමෝ තස්ස භගවතෝ අරහතෝ සම්මාසම්බුද්ධස්ස
ඒ භාග්‍යවත් අරහත් සම්මා සම්බුදුරජාණන් වහන්සේට නමස්කාර වේවා!

01.
මහා මංගල සූත්‍රය

(සුත්ත නිපාතය - චූළ වර්ගය)

ශ්‍රද්ධාවන්ත පින්වත්නි,

මා කල්පනා කළා අද ඔබට බුදුරජාණන් වහන්සේ වදාළ ඉතාමත්ම රමණීය ධර්ම දේශනයක් කියා දෙන්න. මොකද, බොහෝ දෙනෙක් බුදුරජාණන් වහන්සේ සරණ ගියේ අවබෝධයෙන් නොවෙයි, දෙමව්පියන් බෞද්ධ වුණු නිසයි. පොඩි කාලේ ඉඳලම අපට 'බුද්ධං සරණං ගච්ඡාමි' කියලා ඇහෙනවා. අපි අහලා තියෙනවා... හැමදාම දකින කුකුලාගේ කරමලේ පේන්නේ මොන පාටටද? සුදු පාටට... අන්න ඒ වගේ තමයි වෙලා තියෙන්නේ.

පරම්පරාවෙන් ආපු නිසා තෙරුවන් සරණ ගියා...

අපි අවබෝධයෙන්ම බුදුරජාණන් වහන්සේ සරණ ගියාට වඩා, අපට වුණේ පරම්පරාවෙන් ආපු නිසා

සරණ ගියා. අවබෝධයක් නැති නිසා අපට බුදුරජාණන් වහන්සේව අවබෝධයෙන්ම සරණ යන්න තියෙන අවස්ථාව නැතිව යනවා. ධර්මය අවබෝධයෙන්ම සරණ යන්න තියෙන අවස්ථාව නැතිව යනවා. ශ්‍රාවක සංඝරත්නය අවබෝධයෙන්ම සරණ යන්න තියෙන අවස්ථාව නැතිව යනවා. මොකද හේතුව, අපි 'බුද්ධං සරණං ගච්ඡාමි' කියල කියලා... කියලා... අපි හිතන්නේ අපට සරණ තියෙනවා කියලා. පස්සේ බැලින්නම් සරණ නෑ. ඒක හොයන්න බැහැ මෙහෙදි. පරලොව ගියාම තමයි වැඩේ අහුවෙන්නේ. ගොඩක් අය යන්නේ දුගතියේ....

අවබෝධයෙන් නෙවෙයි නම් තිසරණයට එන්න බෑ...

සරණ පිහිටීම වෙන හැටි බලන්න, මං ඔබට උදාහරණයක් කියන්නම්. දැන් අපි මේ ධර්මයටම ලැස්ති වෙලානෙ ඉන්නේ. දැන් අපි ගත්තොත් පන්සල් තියෙනවා... සීල භාවනා වැඩසටහන් තියෙනවා... නමුත් අවබෝධයක් ඇති කරගත්තේ නැත්නම්, මොනවා කළත් තිසරණයට එන්න බෑ.

කමතට ආ අමුත්තා....?

බුදුරජාණන් වහන්සේගේ කාලේ එක ගොවියෙක් හිටියා. එයා ලොකු ගොවිපලක අයිතිකාරයෙක්. එදා මේ ගොවියාගේ කුඹුරු යාය වපුරන දවස. මේ ගොවියාගේ නම 'භාරද්වාජ'.

එයාට ගෝලයෝ ගොඩාක් හිටියා. ඉතින් කුඹුර වපුරලා දැන් කෑම කන්න ලැස්ති වෙනවා. කෑම ගෙනල්ලා

බෙදන්න ලෑස්ති වෙනකොට අමුත්තෙක් ආවා එතෙන්ට. මෙයා අමුත්තාව හඳුනාගත්තා. කවුද මේ ආවේ? ශ්‍රමණ ගෞතමයන් වහන්සේ. එතකොට මෙයාගේ හිතට සතුටක් ඇතිවුණේ නැහැ. මෙයා කල්පනා කළා 'මේ හොඳ එක්කෙනෙක්නේ... ඇඟපත හොඳට හයිය තියෙනවා. අද මං මේ ශ්‍රමණයන් වහන්සේට පාඩමක් උගන්වනවා...' කියලා හිතාගෙන ගිහින් ඇහුවා "මේ බලන්න මං දිහා... මං ගොවියෙක්. මේ බලන්න මගේ කුඹුර... මං වගා කරනවා. මං හම්බකරගෙන කනවා. මේ බීජ තියෙනවා. වපුරන්න ලෑස්තියි. මේ ඉන්නෙ මගේ හරක්... මං ගොවියෙක්. මං හම්බකරගෙන කනවා. ඔයාට හොඳට ඇඟපත තියෙනවා. ඔයත් ගොවිතැන් කරන්න. ඔයත් වගා කරලා ඒ අස්වැන්නෙන් ජීවත්වෙන්න" කියලා කිව්වා. (දැන් මේ පැහැදිලා බණ අහන්න ලෑස්ති වෙච්ච එක්කෙනෙක්ද? නෑ....)

මමත් ගොවියෙක්....

ඊට පස්සේ බුදුරජාණන් වහන්සේ දේශනා කළා "ඔබ හරි. ඒක ඇත්ත... ඔබ ගොවියෙක්. ඔබ හම්බ කරගෙන කනවා. ඔබ දන්නේ නැතිවුණාට මමත් ගොවියෙක්. මමත් වගා කරලා, ඒ වගාවෙන් ලැබිච්ච අස්වැන්නෙන් තමයි කන්නෙ බොන්නේ" කියලා කිව්වා. අරයා කියනවා,

"පුදුම කතාවක්නේ මේ... ඔබවහන්සේ ගොවියෙක්ලු! ගොවියෙක් නම් කෝ ඔබවහන්සේට කුඹුරු හාන්න නගුල්? කෝ ඔබවහන්සේට කුඹුරු? කෝ වපුරන්න බීජ? අපට මොකුත් පේන්න නෑනේ... නමුත් ඔබවහන්සේ කියනවා ඔබවහන්සේ ගොවියෙක්ලු! මං කැමතියි මේ ගොවිතැන ගැන අහන්න."

ඒ සී සෑම තුළ ලැබුණේ අම ඵල ය...

අන්න බුදුරජාණන් වහන්සේ ධර්මය දේශනා කරනවා, ගොවිතැන උපමා කරලා. "**(සද්ධා බීජං)** මම වපුරන්නේ 'ශ්‍රද්ධාව' නැමැති බීජ. **(තපෝ වුට්ඨී)** මේ බීජ තෙමන්නේ 'තපස' නැමැති වැස්සෙන්. **(පඤ්ඤා මේ යුගනංගලං)** මං ප්‍රඥාවෙන් කුඹුර හානවා. **(හිරි ඊසා)** මගේ නගුලේ වියගහ තමයි 'පවට ඇති ලැජ්ජාව'. **(මනෝ යොත්තං)** 'මනස' තමයි මගේ යොත. **(සති මේ ඵාලපාචනං)** සිහිය තමයි මගේ හීවැල. **(කායගුත්තෝ වචීගුත්තෝ ආහාරේ උදරේ යතෝ)** මම කයින් සංවරවෙලා ඉන්නේ. වචනයෙන් සංවරවෙලා ඉන්නේ. මම ගන්න ආහාරයේ අර්ථය දන්නවා. **(සච්චං කරෝමි නිද්දානං)** මම සත්‍ය තමයි මේකෙදි ඉස්සරහට ගත්තේ. **(සෝරච්චං මේ පමෝචනං)** මේ ධර්මය තුළ ඇතිවෙච්ච කීකරු බව නිසා මම මේ කෙලෙසුන්ගෙන් නිදහස් වෙලා 'අමෘතය' නැමැති අස්වැන්න නෙලුවා. මං ඒක අනුභව කරනවා."

බුදුවරු නොවළඳති ගීයෙන් ලද බොජුන...

දැන් මේ එක වචනයක් වචනයක් පාසා මෙයාට තේරුණා. හිත පැහැදුණා. එයා කියනවා 'ඇත්ත ස්වාමීනී, ඔබවහන්සේ ගොවියෙක්. මමත් ගොවියෙක්. ගොවියෙක් ගොවියෙකුට යමක් දුන්නට කමක් නෑ. පොඩ්ඩක් ඉන්න...' කියලා ගිහිල්ලා රත්තරන් භාජනයකට කිරිබතක් බෙදාගෙන ආවා. පාත්තරයට දාන්න ලෑස්ති වෙනකොටම පොඩ්ඩක් ඉන්න කිව්වා. "**(ගාථාභිගීතං මේ අභෝජනෙය්‍යං)** මං මේ ගාථා කියලා වළඳන කෙනෙක් නෙවෙයි" කිව්වා. එදා බුදුරජාණන් වහන්සේ බඩගින්නේ...

ඉතින් ඇහුවා "ස්වාමීනී, මම මේ ආහාරවලට මොකද කරන්නේ? ඔබවහන්සේ වෙනුවෙන් වෙන් කළේ මේක" බුදුරජාණන් වහන්සේ කියනවා "බ්‍රාහ්මණය, තථාගතයන් වහන්සේ හරි, තථාගත ශ්‍රාවකයෙක් හරි හැර ඕක වළඳන්න පුළුවන් කෙනෙක් ලෝකයේ නෑ. ඕක ගිහිල්ලා සත්තු නැති වතුරකට හරි, එහෙම නැතිනම් තණකොළ නැති බිමකට හරි දාන්න" කිව්වා. භාරද්වාජ ගිහින් සත්තු නැති වතුරට දානකොටම මෙන්න බත් ඇට 'චිටි... චිටි... චිටි...' ගාලා පුපුරන්න පටන්ගත්තා. ඇගේ මවිල් කෙලින් වුණා. ආයේ මතක් වුණා වගා කිරීම ගැන කියාපු දේ.

අවබෝධයෙන්ම තෙරුවන් සරණ ගියා...

බුදුරජාණන් වහන්සේ ළඟට ඇවිල්ලා කියනවා "**(අභික්කන්තං භො ගෝතම)** භාග්‍යවත් වූ බුදුරජාණන් වහන්ස, ආශ්චර්යයි! **(අභික්කන්තං භො ගෝතම)** භාග්‍යවත් වූ බුදුරජාණන් වහන්ස, ආශ්චර්යයි! **(සෙය්‍යථාපි භො ගෝතම, නික්කුජ්ජිතං වා උක්කුජ්ජෙය්‍ය)** භවත් ගෞතමයන් වහන්ස, මේ ධර්මය, යටට හරවලා තිබ්බ්ච එකක් උඩට හැරෙව්වා වගේ. **(පටිච්ඡන්නං වා විවරෙය්‍ය)** වහලා තිබ්බ්ච දෙයක් ඇරියා වගේ. **(මූළ්හස්ස වා මග්ගං ආචික්ඛෙය්‍ය)** මං මුළා වූ කෙනෙකුට හරි පාර පෙන්නුවා වගේ. **(අන්ධකාරේ වා තේලපජ්ජෝතං ධාරෙය්‍ය චක්ඛුමන්තෝ රූපානි දක්ඛින්තීති)** ඇස් ඇති අයට රූප දකින්න අවස්ථාවක් දෙන්න ඕන කියලා කරුවලේ තිබ්බ්ච ලෝකයක ආලෝකයක් දැල්លුවා වගේ" කියනවා.

"**(ඒසා'හං භවන්තං ගෝතමං සරණං ගච්ඡාමි. ධම්මංච භික්ඛු සංඝංච)** භවත් ගෞතමයන් වහන්ස, මම

දැන් භවත් ගෞතමයන් වහන්සේ සරණ යනවා. (අන්න සරණ පිහිටපු තැන.) ඒ වගේම මම ශ්‍රී සද්ධර්මයත් සරණ යනවා. ශ්‍රාවක සංඝයාත් සරණ යනවා. අද පටන් දිවි හිමියෙන් තෙරුවන් සරණ ගියපු කෙනෙක් හැටියට මාවත් සලකන සේක්වා!"

ප්‍රශ්න ගොඩක් මිසක් සැබෑ සරණක් නැහැ...

අපි සරණ ගියේ එහෙමද? අපි සරණ පිහිටපු නැති නිසා තමයි ධර්මය අහනකොට, දේශනාව අහලා ඉවරවෙන කොට ආශ්චර්යයි කියලා අපට හිතෙන්නේ නැත්තේ. අපි ඕකෙන් ප්‍රශ්නයක් අල්ලගන්නවා. අල්ලගෙන ඒ ප්‍රශ්නය ඔළුවේ කරකව කරකවා ඉන්නවා මිසක් සරණ යන්නේ නෑ. හොඳට බලන්න මේ බෞද්ධයන්ගේ වැඩපිළිවෙල. ඒ කියන්නේ සාම්ප්‍රදායික බෞද්ධයින්...

ඊට පස්සේ අපි ධර්මය කියන්න ගියොත් ධර්මයේ ඇදවෙන කෑල්ල හොයන්න එන්නේ. ඇදවෙන කෑල්ල හොයලා, ඒ ඇදවෙන කෑල්ල හිත හිතා ඉන්නවා. පැහැදිච්ච දෙයක් නෑ. වටහා ගත්ත දෙයක් නෑ. තේරුම් ගත්ත දෙයක් නෑ. ඊට පස්සේ ඊළඟ එක්කෙනාට ඇවිල්ලා ඇදේ කියනවා "මම මේ බණක් ඇහුවා. මට එතැනදි ප්‍රශ්නයක් ඇතිවුණා. මේකයි මගේ ප්‍රශ්නය..." එතකොට එයාගේ ඔළුවේ තියෙන්නේ අවබෝධ කරපු දෙයක් නොවෙයි. මොකක්ද එයාගේ ඔළුවේ තියෙන්නේ? ධර්මය අහගෙන යනකොට එයාට ප්‍රශ්නයක් ඇතිවුණා. එයා ඒ ප්‍රශ්නය ඔළුවේ තියාගෙන ඉන්නවා.

අවස්ථාව අහිමි වෙන හැටි...

එතකොට එයාට මතක හිටලා තියෙන්නේ ධර්මයද? ධර්මය අහද්දි ඇතිවෙච්ච ප්‍රශ්නයද? ප්‍රශ්නයයි මතක

හිටලා තියෙන්නේ, ධර්මය නෙවෙයි. ඒ අයට මේ අවස්ථාව අහිමි වෙනවා. අන්න ඒක අද ලංකාවේ මිනිසුන්ට වෙනවා. එතකොට ධර්මය අවබෝධ කරගන්න යද්දී ඔන්න ඔතනින් අපි මිදෙන්න ඕන. එහෙම නැතිනම් අපට ශ්‍රද්ධාවට එන්න බෑ. ශ්‍රද්ධාවට එන එක ලේසි දෙයක් කියලා ඔබට හිතෙන්න පුළුවන්. ඒ වගේම ඔබට හිතෙන්න පුළුවන් දැනටමත් අපට ශ්‍රද්ධාව තියෙනවා කියලා. නෑ... එහෙම වෙන්නේ නෑ.

වැඩක් නැති දේ එළියට දමන්න....

ශ්‍රද්ධාව ඇතිවෙන්නේ බුදුරජාණන් වහන්සේ කෙරෙහි පැහැදීමෙන්මයි. අපට මේක බඩඑළිය යනවා වගේ සුද්ධ වෙන්න ඕන. ඇයි, කාලයක් තිස්සේ අපි එක එක ක්‍රමවලට, කියවලා... කියවලා... අවුල්වෙලයි තියෙන්නේ.

දැන් මේ භාජනයේ වතුර පිරිලා තිබුණොත් අපි දාන වතුරවලට මොනවා වේවිද? එළියට යනවා නේද? අන්න ඒ වගේ එක එක දේවල් අපි ඔළුවේ පුරවාගෙන ඉන්නේ. ධර්මය නාමයෙන් තියෙන එක එක මතිමතාන්තර, වාද විවාද, ඇද කුද ඔක්කෝම පුරවගෙන ඉන්නේ. එතකොට අපි දාන දාන ඒවා කොහේටද යන්නේ? එළියට. මේක හිස්වෙලා තිබුණොත් වක්කරන්න පුළුවන්. එතකොට පිරෙනවා. අන්න ඒක තමයි අමාරු වැඩේ.

හරියටම ධර්මය අල්ලන්න....

අපට බුදුරජාණන් වහන්සේගේ ධර්මය ඇසෙනවා. නමුත් ඔළුවට යන්නේ නෑ. ඔළුවට ගියොත් යන්නේ ධර්මය නෙවෙයි. ධර්මය අහද්දි ඇතිවෙච්ච ප්‍රශ්නයක්. මේ නිසා ගොඩාක් විට අපට අවස්ථාව හම්බවෙනවට

වඩා අවස්ථාව අහිමි වෙනවා. ඒක ඉතින් අපට සංසාරේ පුරුද්දක් වශයෙන් ඇවිල්ලා තියෙන නිසා මේ ජීවිතයෙත් එහෙම වෙන්න ඉඩකඩ තියෙනවා. ඉතින් අපට මේක අහිමි නොවෙන්න නම් හරියටම මේ ධර්මය අල්ලගන්න ඕන.

දුෂ්කරතා මැද්දෙන් යන ගමනක්...

ඉතින් පින්වත්නි, මා ඔබට මේ මූලික කරුණු ටිකක් කියා දුන්නේ ධර්මය අහන්න කලින්. අපි බුදුරජාණන් වහන්සේ ගැන පැහැදිලා නම් ඉන්නේ, අපට හරිම ලේසියි. අපි ඉන්නේ ධර්මයට පැහැදිලා නම් හරිම ලේසියි. ශ්‍රාවක සංඝයාට පැහැදිලා නම් හරිම ලේසියි. වර්තමානයේ අපට මේ තුනම අමාරුයි. හේතුව මොකද? බුදුරජාණන් වහන්සේට පහදින්න උන්වහන්සේව හඳුනාගන්න විදිහක් නෑ, ධර්මය පැහැදිලිව ඇහෙන්නේ නැති නිසා. ධර්මයට පහදින්න පිරිසිදු ධර්මයක් එකම පිළිවෙලට අහන්න ලැබෙන්නෙ නෑ. විවිධ මාදිලියේ හාමුදුරුවරු ඉන්න නිසා සංඝයාට පහදින්න විදිහක් නෑ. මේ ප්‍රශ්නය නිසා තිසරණයට එන්න හරිම අමාරුයි. ඇයි ඇදමයි අපට පෙනිලා තියෙන්නේ.... මේ නිසා අපි ඒකෙන් මිදෙන්න නම් ප්‍රඥාව පාවිච්චි කරන්නම ඕන. ප්‍රඥාව, නුවණ, කල්පනාව පාවිච්චි කරන්න ඕන.

ඔබටත් මෙහෙම හිතුණොත්...

අද මා ඔබට කියන්න යන්නේ ඔබ හොඳට දන්න දේශනාවක්. ඔබ මේක නිතර ගෙවල්වලත් කියනවා ඇති සමහරවිට. අද අපි ඉගෙන ගන්නේ 'මහා මංගල සූත්‍රය'. ඔබ මේක ඇහුවට පස්සේ ඔබට හිතෙනවා නම් 'මේක පුදුමයි' කියලා බුදුරජාණන් වහන්සේගේ ධර්මය තුළින්

ඔබට ඊළඟ පියවරට යන්න පුළුවන්. මොකක්ද ඒ? සරණ යාම. උන්වහන්සේගේ අවබෝධය කෙරෙහි ඔබ පහදින්න ඕන.

හරියටම මතක තියාගන්න....

දැන් මම කිව්වනේ 'කසී භාරද්වාජ' ගැන. ඔබට මෙහෙම මතක තිබ්බොත් එහෙම වැරදියි. 'ඤාණානන්ද හාමුදුරුවෝ කිව්වා මෙන්න මෙහෙම සරණ යන්න ඕන කියලා...' කිව්වොත් ඒක සම්පූර්ණයෙන්ම වැරදියි. කසී භාරද්වාජ සූත්‍රයේ තියෙනවා කසී භාරද්වාජ මේ විදිහට බණ අහලා සරණ ගියා කියලා. අන්න ඒක හරි.

භාග්‍යවතුන් වහන්සේ වදාළා මෙන්න මෙහෙම මංගල කාරණා. ඒක මංගල සූත්‍රයේ තියෙනවා කිව්වාම අපට ඊළඟට මතක් වෙන්නේ ඒ දේශනාව කළේ බුදුරජාණන් වහන්සේ කියලා. අපට මතක හිටියොත් 'අසවල් හාමුදුරුවෝ මෙහෙම කියනවා... අසවල් හාමුදුරුවෝ මෙහෙම කියනවා...' කියලා එතකොට ඒක බුදුරජාණන් වහන්සේගේ ධර්මයක්ද? ඒ හාමුදුරුවන්ගේ ධර්මයක්ද? ඒක ඒ හාමුදුරුවන්ගේ ධර්මයක්.

අපට වුවමනා කරන්නේ ඒ විදිහට නෙවෙයි. 'අසවල් හාමුදුරුවෝ බුදුරජාණන් වහන්සේගේ අසවල් දේශනාව මේ විදිහට කිව්වා. ඒ දේශනාව අපි හොයලා බැලුවා. ඒ දේශනාව හරියට හරි. ඒකෙ එහෙම තමයි තියෙන්නේ....' අන්න නිවැරදි ධර්මය. එහෙම නැතිනම් එක එක දේවල් එක එක්කෙනා කියයි. කියන කියන එක ගිලියි. අන්තිමට අපි අවබෝධ කරපු දෙයක් නෑ.

ධර්මය කරා යන එක තමයි මේ ලෝකයේ තියෙන අමාරුම දේ. ඒක ලේසි එකක් නොවෙයි. හඳට යන එකත්

ලේසියි. ධර්මය කරා යන එක තමයි අමාරු. ඒ අමාරු දේ කරා යන්න අපිට ගොඩාක් උපකාර වන සූත්‍රයක් මේ මහා මංගල සූත්‍රය.

උතුම් මංගල කරුණු ගැන - පහදා දෙන්න මුනිඳුනි...

මහා මංගල සූත්‍රය බුදුරජාණන් වහන්සේ දේශනා කළේ කාටද? මනුස්සයෙකුට නොවෙයි. ඇයි ඒ? මනුස්සයෙකුට ඕක අහන්න මතක නැතිවුණා. මොනවද මේ මංගල කාරණා කියන්නේ කියලා. මොකද, මිනිස්සු මංගල කාරණා කියලා එක එක දේවල් හදාගෙන ඉවරයි.

දෙවි කෙනෙක් කල්පනා කළා, 'මේක මං ඇහුවොත් හැමදෙනාටම ප්‍රයෝජනවත් වෙනවා, බුදුරජාණන් වහන්සේ මේක දේශනා කරාවි' කියලා. ඉතින් ඒ දෙවියා බුදුරජාණන් වහන්සේගෙන් ගාථාවකින් මෙහෙම ඇහුවා. මොකක්ද ඒ ගාථාව? "**(බහූදේවා මනුස්සා ච, මංගලානි අචින්තයුං)** බොහෝ දෙවියොත්, මිනිස්සුත් මංගල කාරණා ගැන හිතුවා... **(ආකංඛමානා සොත්ථානං)** ඒගොල්ලන්ගේ යහපතට කැමතිව, **(බෲහි මංගල මුත්තමං)** උතුම් මංගල කරුණු වදාරණ සේක්වා! උතුම් මංගල කරුණු වදාරණ සේක්වා!"

උතුම් මංගල කරුණු තිස් අටකි...

ඔන්න ඔතන ඉඳලා මංගල කරුණු අපි අහගෙන යමු. අපට කොච්චර මංගල කරුණු හම්බවෙලා තියෙනවාද? අපට හම්බවෙලා නැති මංගල කරුණු කොච්චරක්ද? ඒවා අපට මේ ජීවිතයේ ළඟා කරගන්න පුළුවන්ද? ඒවා ළඟා කරගන්නේ කොහොමද? කියලා. බුදුරජාණන් වහන්සේ

ඒකෙදි මංගල කරුණු තිස් අටක් පෙන්වා දීල තියෙනවා. එහෙනම් ලෝකයේ මංගල කරුණු තියෙන්නේ තිස්අටයි. තිස් නවයකුත් නෑ. තිස් හතකුත් නෑ. කාටවත් ඒවා මංගල කරුණු නොවෙයි කියලා අයින් කරන්නත් බෑ. මෙන්න මේකත් මංගල කාරණයක් කියලා කාටවත් අලුතින් එකතු කරන්නත් බෑ. අන්න ඒකයි බුදුරජාණන් වහන්සේගේ ධර්මයේ තියෙන විශේෂත්වය.

නරක අය නොම ඇසුර ද ....

පළවෙනි මංගල කාරණය මොකක්ද? (අසේවනා ච බාලානං) පළවෙනි මංගල කාරණාව තමයි බාලයන් ඇසුරු නොකිරීම. (ඒතං මංගල මුත්තමං) උතුම්ම මංගල කාරණයක් බාලයන් ඇසුරු නොකිරීම. 'බාල' කියන්නේ පොඩි ළමයිද? බාල කියන්නේ අසත්පුරුෂයා. අසත්පුරුෂයන්ගේ ස්වභාවය පින හඳුනන්නේ නෑ. පව හඳුනන්නේ නෑ. කුසල් හඳුනන්නේ නෑ. අකුසල් හඳුනන්නේ නෑ. හොඳ හඳුනන්නේ නෑ. නරක හඳුනන්නේ නෑ. යහපත හඳුනන්නේ නෑ. අයහපත හඳුනන්නේ නෑ. පින්වලට යහපත් විපාක, පව්වලට අයහපත් විපාක කියලා මොකුත් දන්නේ නෑ.

අසත්පුරුෂ ලක්ෂණ...

අසත්පුරුෂයාට හැමතිස්සේම හටගන්නවා දුෂ්ට කල්පනා, දුෂ්ට වචන, දුෂ්ට ක්‍රියා. හැබැයි අසත්පුරුෂයෙක් ඉන්න පුළුවන් සත්පුරුෂයෙකුගේ වේශයෙන්. එතකොට අසත්පුරුෂයෙක් හඳුනගන්න නම් අර ලක්ෂණ ටික හඳුනගෙන ඉන්න ඕන. මොනවද ඒ ලක්ෂණ? හොඳ-නරක, පින්-පව්, කුසල්-අකුසල්, යහපත-අයහපත හඳුනාගෙන

ඉන්න ඕන. ඒවා හඳුනාගෙන හිටියේ නැත්නම්... අන්න බාලයාට අහුවෙනවා.

දැන් අපි ගත්තොත් දේවදත්ත බාලයෙක්, අසත්පුරුෂයෙක්. නමුත් දේවදත්ත සමාදන් වෙලා හිටියා ලෝකයා ඉක්මනින් පහදින කරුණු පහක්. දේවදත්ත වනාන්තරයේ වාසය කළා. ඒකටත් කෙනෙක් පහදිනවා. දිවා රෑ ගස් යට භාවනා කරනවා. ඒකටත් පහදිනවා. පිණ්ඩපාතෙන් පමණක් ජීවත් වෙනවා. ගෙවල්වල දානෙකටවත් යන්නේ නෑ. මේවාටත් පහදිනවා. තුන් සිවුරෙන් විතරයි ඉන්නේ. ඇයි දැන් සත්පුරුෂයෙකුගේ ලක්ෂණ ටික ඇති කරගෙන තියෙනවානේ... ඊටත් වඩා තියෙනවා. ඒ තමයි මෙයා නිර්මාංශ කෙනෙක්. මේවාටත් පහදිනවා.

ඊට පස්සේ ඉතින් මිනිස්සු කතාවෙන්න ඇති 'අම්මෝ... උම්බලකඩ කෑල්ලක්වත් කන්නේ නෑනේ අරයා...' ඔන්න දැන් දේවදත්තගේ ගුණමයි පේන්නේ. නමුත් ඒ පුද්ගලයා කවුද? බාලයෙක්. මෙහෙම අය ඇසුරු කරන කරන කෙනා අමාරුවේ වැටෙනවා. තිසරණයෙන් අයින් වෙනවා. තියෙන කුසල් ටික නැතිවෙනවා. අකුසල් වැඩෙනවා.

අසත්පුරුෂ සේවනය....

දේවදත්තට පැහැදුණා අජාසත්ත. මොකද වුණේ...? තාත්තා මරලා ආනන්තරීය පාප කර්මයක් කරගෙන කෙළවර වුණා. දේවදත්තට පැහැදුණා කෝකාලික. නිරයේ ගිහිල්ලයි නැවතුණේ. ඇයි ඊට පස්සේ විරුද්ධවාදී සිතුවිලිනේ එයාට ළං කර කර දෙන්නේ. ඊට පස්සේ දේවදත්තට පැහැදුණා අලුතින් මහණවෙච්ච හාමුදුරුවරු

පන්සීයක්. දේවදත්ත කල්පනා කළා 'මේ කිට්ටුවෙන් හිටියොත් හරි යන්නේ නෑ' කියලා. ඒ ස්වාමීන් වහන්සේලා 500ත් අරගෙන ඈතට ගියා, ගයා ශීර්ෂය කියන තැනට.

බුදුරජාණන් වහන්සේ සැරියුත්, මුගලන් රහතන් වහන්සේලා කැඳවලා කියනවා, "සාරිපුත්ත, මොග්ගල්ලාන, ඉක්මනට යන්න. ඉක්මනට ගිහිල්ලා අර පන්සිය නමව බේරාගන්න" කියලා. ඇයි ඒ පන්සීයම මාර්ගඵල ලබන්න පුළුවන් පිරිසක්. ඒගොල්ලෝ මේ මොකුත් දන්නේ නෑනේ. මෙයා සත්පුරුෂයෙකුගේ වේශයෙන්නේ ඉන්නේ. සිල්වතෙකුගේ වේශයෙන්නේ ඉන්නේ.

අසත්පුරුෂයාගෙන් බේරෙන්න...

එයා කියනවා... එයාට තමයි නිවන් මග ඉක්මනට පුළුවන් කෙනා කියලා. තවත් රැවටෙනවනේ... ඇයි එයා පිටට පේන්නේ නිවන් මග අනුගමනය කරමින් ඉන්න කෙනෙක් වගේ. කොහොමහරි ඉතින් ඔන්න පිරිස නූලෙන් බේරුණා. දැන් එතකොට බලන්න ඔය මංගල කාරණය.... අසත්පුරුෂයන්, බාලයන් ඇසුරු නොකිරීම ලෝකයේ දුර්ලභ දෙයක්. ඇයි අසත්පුරුෂ ඇසුර නිතරම ලැබෙනවනේ.

සමහරවිට අසත්පුරුෂ ඇසුරට ගියොත් තමාත් අසත්පුරුෂ ලක්ෂණ වලින් යුක්ත වෙන්න පුළුවන්. අසත්පුරුෂ සිතුවිලිවලින් යුක්ත වෙන්න පුළුවන්. අසත්පුරුෂ වචන වලින් යුක්ත වෙන්න පුළුවන්. මේ නිසා අසත්පුරුෂයන් ඇසුරු නොකිරීම මංගල කාරණයක්. බලන්න... එදා බුදුරජාණන් වහන්සේ වදාළ දේ අදත් කොච්චර ඇත්තක්ද?

කළණ මිතුරන් සමඟ නිති ඇසුර ද .....

දෙවෙනි මංගල කාරණය මොකක්ද? (පණ්ඩිතානං ච සේවනා) 'පණ්ඩිත' කියලා කියන්නේ සත්පුරුෂයා, කල්‍යාණ මිත්‍රයා, නුවණැත්තා. දැන් රහතන් වහන්සේලාටත් පණ්ඩිත කියලා කියනවා. සෝතාපන්න ශ්‍රාවකයාටත් පණ්ඩිත කියලා කියනවා. ආර්ය ශ්‍රාවකයින්ටත් පණ්ඩිත කියලා භාවිතා කරනවා. ඒ සත්පුරුෂයන්ව ඇසුරු කරන්න.

දැන් බලන්න බුදුරජාණන් වහන්සේගේ ධර්මය ඔතනින් තමයි විවෘත වෙන්නේ. බාලයන් ඇසුරු නොකිරීමෙන්, පණ්ඩිතයන් ඇසුරු කිරීමෙන් තමයි ධර්මය විවෘත වෙන්නේ. අන්න එතැන ඉඳලා තමන්ට අර මංගල කරුණු ටික ඔක්කෝම හම්බවෙනවා. පළවෙනි ගාථාවේ මංගල කරුණු තුනක් තියෙනවා. ඒ මංගල කරුණු තුන තියෙනවා නම් ඉතිරි මංගල කරුණු ඔක්කෝම හම්බවෙනවා. ඒ පළවෙනි මංගල කරුණු තුන නැත්නම් අනිත් මංගල කරුණු එකක්වත් හම්බවෙන්නේ නෑ. ඔන්න වෙනස.

සත්පුරුෂ සමාගමේ වාසිය...

ඒකෙ තියෙනවා (පණ්ඩිතානං ච සේවනා) කල්‍යාණ මිත්‍රයාව ඇසුරු කරන්න කියලා. සත්පුරුෂයන්ව ඇසුරු කිරීම මංගල කාරණයක්. ඇයි සත්පුරුෂයන් ඇසුරු කිරීම මංගල කාරණයක් වෙන්නේ? සත්පුරුෂයින් විසින් එයා ඇසුරු කරන අයට තවත් සත්පුරුෂයන්ව හඳුන්වලා දෙනවා. සත්පුරුෂ සමාගම ඇතිකරලා දෙනවා. අකුසල්වලින් දුරුවීමේ අනුසස් කියනවා. කුසල් දියුණු කිරීමේ අනුසස් කියනවා. එයා ඒක කරනවා. සත්පුරුෂයා යහපතේ අනුසස් කියලා යහපතේ යෙදෙනවා. අයහපත්

වූ ආදීනවය කියලා අයහපතෙන් වළකිනවා. එතකොට සත්පුරුෂයාගේ ඇසුරු කිරීම ගැන බුදුරජාණන් වහන්සේ දේශනා කරලා තියෙන්නේ කොහොමද?

නිධීනංව පවත්තාරං - යං පස්සේ වජ්ජදස්සිනං
නිග්ගය්හ වාදිං මේධාවිං - තාදිසං පණ්ඩිතං භජේ
තාදිසං භජමානස්ස - සෙය්‍යෝ හෝති න පාපියෝ

වැහිලා තියෙන නිධානයක් පෙන්වනවා වගේ තමන්ගේ අඩුපාඩුව පෙන්වනවා නම් සත්පුරුෂයෙක්.... (එතකොට සත්පුරුෂයෙක් තමන්ගේ අඩුපාඩුව පෙන්වීම මොකක් වගේද පෙන්නුවේ? වැහිලා තියෙන නිධානයක් පෙන්වනවා වගේ කියලයි.) **(තාදිසං පණ්ඩිතං භජේ)** එබඳු වූ නුවණැත්තෙක්ව ඇසුරු කරන්න. **(තාදිසං භජමානස්ස)** එබඳු නුවණැත්තෙක් ඇසුරු කිරීමේදී, **(සෙය්‍යෝ හෝති)** යහපතක්මයි වෙන්නේ, ශ්‍රේෂ්ඨ තත්වයක්මයි වෙන්නේ. **(න පාපියෝ)** පවක් නම් සිද්ධවන්නේ නෑ කියනවා.

පරිපූර්ණ වූ බුදුසසුන සත්පුරුෂයන් නිසයි...

බුදුරජාණන් වහන්සේගෙන් ආනන්ද හාමුදුරුවෝ අහනවා, "භාග්‍යවත් බුදුරජාණන් වහන්ස, මට හිතෙන්නේ මේ බුද්ධ ශාසනයෙන් භාගයක්ම තියෙන්නේ කල්‍යාණ මිත්‍රයෝ නිසා" කියලා. එතකොට බුදුරජාණන් වහන්සේ වදාළේ මොකක්ද? "හා... හා... ආනන්ද, එහෙම කියන්න එපා! මේ සම්පූර්ණ බුද්ධ ශාසනයම තියෙන්නේ කල්‍යාණ මිත්‍රයන් නිසයි" කියලා කිව්වා. එතැනදි දේශනා කරනවා "ආනන්දය, කල්‍යාණ මිත්‍ර වූ තථාගතයන් වහන්සේ ළඟට ආපු ඉපදීම උරුම කරගත් සත්වයෝ ඉපදීමෙන් මිදෙනවා. ජරාව උරුම කරගත් සත්වයෝ ජරාවෙන් මිදෙනවා. මරණය උරුම කරගත් සත්වයෝ මරණයෙන් මිදෙනවා.

ඒ වගේම ආර්ය ශ්‍රාවක වූ කල්‍යාණ මිත්‍රයන් ළඟට ඇවිත් ශ්‍රාවකයන් සසරින් මිදෙනවා." **(පණ්ඩිතානං ච සේවනා)** අන්න මංගල කාරණයක්. එතැන ඉඳන් මංගල කාරණා ඔක්කෝම විවෘත වෙනවා.

පිදිය යුත්තන් පිදුම ද ...

(පූජා ච පූජානීයානං) 'පූජනීයානං' කියන්නේ පිදිය යුත්තන්. පිදිය යුත්තන් කියන්නේ ආර්ය මාර්ගයේ ගමන් කරන ශ්‍රාවකයන් වහන්සේලා. සීලාදී ගුණධර්ම දියුණු කරන ශ්‍රාවකයන් වහන්සේලා තමයි පිදිය යුත්තේ. දැන් අර සත්පුරුෂ ආශ්‍රයෙන් මොකද වෙන්නේ? සිල්වතුන් ගුණවතුන් බැහැදකින්න යනවා. වැඳුම් පිදුම් කරනවා. දන්පැන් පූජා කරනවා. එතකොට මොකද වෙන්නේ? සිල්වතුන්, ගුණවතුන් ඇසුරු කරන්න ලැබෙනවා.

සත්පුරුෂයා ඇසුරු කරන්නේ ඇද හොයන්න නෙවෙයි. අසත්පුරුෂයෙක් ඇසුරු කළොත් විනාශයි. ඊට පස්සේ හොඳ දකින්න ලැබෙන්නේ නෑ. ඇදේ තමයි උලුප්පලා පෙන්වන්නේ. එතකොට සත්පුරුෂයා මොකද කරන්නේ? සිල්වතුන්ව, ගුණවතුන්ව ඇසුරු කරලා සිල්වතුන්ගේ, ගුණවතුන්ගේ ගුණ දකිනවා. ඊට පස්සේ ඒ සිල්වතුන්ට ගුණවතුන්ට වැඳුම් පිදුම් කරනවා. ඇප උපස්ථාන කරනවා. ධර්මය අහනවා. සත්පුරුෂ අය ආශ්‍රය කරන නරක අය පවා හැදෙනවා.

බුදුරජාණන් වහන්සේගේ කාලේ හිටපු විශාඛා කියන්නේ සෝතාපන්න වෙච්ච ශ්‍රාවිකාවක්. ඈ සත්පුරුෂයිනේ... එයා ඇසුරු කළ සමහර නෝනලා බෞද්ධ නොවන අය. දවසක් විශාඛාට කතා කළා "අපි යමු උද්‍යානයට විනෝද වෙන්න" කියලා. එතකොට

විශාඛා යන ගමන් කල්පනා කළා, "මේ විනෝදයෙන් ඇති එලේ මොකක්ද? මීට වඩා කොච්චර වටිනවද බුදුරජාණන් වහන්සේ බැහැදකින්න ගියා නම්..." අන්න සත්පුරුෂයාට හිතෙන විදිහ. ඇයි බණ පදයක් හරි අහන්න ලැබෙනවානේ...

සත්පුරුෂ ඇසුර නිසා බේරුණා...

අර යාළුවන්ට යන ගමන් කිව්වා, "මේ යෙහෙළියනේ... අපි මේ උද්‍යාන ක්‍රීඩාවට ගිහිල්ලා ඇති එලේ මොකක්ද? අපි හැමදාම සෙල්ලම් කරනවානේ... ඒ නිසා අපි අනිත් පාරෙන් බුදුරජාණන් වහන්සේව බැහැදකින්න යමු" කියලා. දැන් මේගොල්ලන්ට 'බෑ' කියන්න බෑ. මොකද විශාඛා කියන්නේ හරිම සම්භාවනීය කෙනෙක්. ඒ හින්දා 'හොඳයි' කිව්වා. ඒත් මේගොල්ලන්ගේ ඔළුවේ තියෙන්නේ මොකක්ද? විනෝද වීම තමයි ඔළුවේ තියෙන්නේ. විනෝද වෙන්න සූදානම් කරපු දේවලුත් මේගොල්ලෝ අරගෙන ගියා. මොනවද ඒ? චූටි මත්පැන් කුප්පි අරගෙන ගියා. මේගොල්ලො මේවා ඉණේ ගහගෙන ඉන්නේ. මේවත් අරගෙනම ජේතවනාරාමය ඇතුළට ගියා. ගිහිල්ලා බලද්දී ජේතවනාරාමය ඇතුළේ භික්ෂූන් වහන්සේලා භාවනා කරනවා... සක්මන් කරනවා... දැන් මේවා පෙනෙද්දිත් මේගොල්ලන්ගේ හිත මේකට නෙවෙයි යන්නේ. අර ගෙනාපු එක බොන්න.

මේ නෝනලා ටික පැත්තකට ගිහිල්ලා, මුළු මුළුවලට ගිහිල්ලා ඔන්න බොන්න පටන් ගත්තා. ඊට පස්සේ විශාඛා මොකද කළේ? දැන් කට්ටියට අඬගහනවා "එන්න... එන්න... අන්න බුදුරජාණන් වහන්සේ වැඩඉන්නවා. එන්න යන්න..." කියලා. එතකොට මේගොල්ලො හොඳටම බීලා...

විශාඛා දන්නෙ නෑ... ඉතින් මොකද කළේ? ගිහිල්ලා ධර්ම ශාලාවේ වාඩිවුණා.

නොසොයන්නේ මන්ද ඒ නැණපහන....?

බුදුරජාණන් වහන්සේ වැඩම කළා. වැඩම කරලා ගාථාවක් කියන්න හදනකොටම... නෝනලා ටික අත්පුඩි ගහන්න පටන්ගත්තා තාලේ අල්ල අල්ලා. දැන් බලන්න... විශාඛා කලබල වුණාද? කලබල වුණේ නෑ. ඇයි, විශාඛාගේ වරදක්ද ඒ? නෑ. බුදුරජාණන් වහන්සේ කට්ට කරුවලක් මැව්වා. මොකක්වත් පෙන්නේ නෑ. මවපු ගමන් අර නෝනලාගේ තිබුණ වෙරි කොහෙන් ගියාද නෑ. වෙරි ඔක්කෝම හිඳුණා. වෙරි හිඳිච්ච ගමන් කරුවල අයින් කළා.

අයින් කරලා අහනවා "**(කො නු හාසෝ)** මොන හිනාද? **(කිමානන්දෝ)** මොන සතුටක්ද? **(නිච්චං පජ්ජලිතේ සති)** නුඹලා හැමතිස්සේම ජරා මරණ ගින්නෙන් පිච්චි පිච්චිනේ ඉන්නේ.. **(අන්ධකාරේන ඕනද්ධා)** අවිද්‍යාව නැමැති කළුවර මීට වැඩියි. **(පදීපං න ගවෙස්සථ)** නුඹලා හොයන්නේ නැද්ද ප්‍රඥාව නැමැති ආලෝකය?"

අන්න ධර්මය කරා ගියා. මොකක්ද හේතු වුණේ? කළ්‍යාණ මිතුරන්ගේ ඇසුර. පිදිය යුත්තන් පිදුම. කළ්‍යාණ මිත්‍රයන් පිදිය යුත්තන් පුදනවා. ඉතින් විශාඛාව ඇසුරු කරන්න ලැබුණ නිසා ඒ අයට අවස්ථාව ලැබුණා ධර්මය කරා යන්න. මංගල කාරණයක්.

යහපත් තැනක විසුම ද උතුම් මංගල කරුණකි...

ඊළඟ මංගල කාරණය මොකක්ද? **(පතිරූප දේසවාසෝ ච)** '**පතිරූපදේසවාසෝ ච**' කියන්නේ සුදුසු

පෙදෙසක විසුම. මොකක්ද සුදුසු පෙදෙස? බුදුරජාණන් වහන්සේගේ ධර්මය ඇහෙන තැනයි. බුදුරජාණන් වහන්සේලාගේ ධාතූන් වහන්සේලා පිහිටි තැන. බුදුරජාණන් වහන්සේ සම්බුද්ධත්වයට පත්වුණ බෝධීන් වහන්සේ දකින්න තියෙන තැන.

දැන් ලංකාව වුණත් සුදුසු ප්‍රදේශයක් වුණේ කුමක් නිසාද? '**පණ්ඩිතානං ච සේවනා, පූජා ච පූජනීයානං**' නිසා. ඇයි මිහිඳු මහරහතන් වහන්සේ නැමැති ආර්යයන් වහන්සේ සේවනය කරන්න ලැබුණා. ඔන්න පිදිය යුත්තන් පුදන්න ලැබුණා. අන්න ඒ නිසා ශ්‍රී මහා බෝධීන් වහන්සේ වැඩම කළා. ධාතූන් වහන්සේලා වඩම්මලා ස්ථූප හැදුවා. ඔන්න පතිරූප දේශවාසයක් බිහිවුණා.

එහෙම නම් ආරම්භ වුණේ මොකෙන්ද? පළවෙනි මංගල කාරණයෙනුයි, දෙවෙනි මංගල කාරණයෙනුයි. පළවෙනි මංගල කාරණය මොකක්ද? අසත්පුරුෂයින් ඇසුරු නොකිරීම. දෙවෙනි මංගල කාරණය මොකක්ද? සත්පුරුෂයන් ඇසුරු කිරීම. අන්න ඒ සත්පුරුෂ ආශ්‍රය ලැබුනා ලංකාවේ මිනිසුන්ට. එතැනින් තමයි ඔක්කෝම විවෘත වුණේ.

සත්පුරුෂයන් නැත්නම් මංගල කාරණා නැත...

නමුත් දැන් ඉන්දියාව පතිරූපදේසවාසයක් නෙවෙයි. ඇයි ඒ? අර මංගල කාරණා දෙක නෑ. දැන් අපි ගත්තොත් ශ්‍රී මහා බෝධීන් වහන්සේ වැඩහිටියට, ඒක මංගල කාරණයක් වෙන්නේ කළ්‍යාණමිත්‍ර සම්පත්තිය තියෙන කෙනාට විතරයි. නැත්නම් ඒවා මංගල කාරණා නෙවෙයි. ඒ නිසා මේක සාමාන්‍ය ලෝකයාට බෑ අල්ල ගන්න.

එතකොට පතිරූපදේසවාසවලට රහතන් වහන්සේලා වඩිනවා. රහත් මගට පිළිපන් උතුමන් වඩිනවා. ඒ රහතුන්ගේ ධර්මය අහන්න ලැබෙනවා. ආන්න ඒ කල්‍යාණමිත්‍ර සම්පත්තිය, පණ්ඩිතයන් සේවනය කිරීම, පිදිය යුත්තන් පිදුම මේ රටට ලොකුවට ආපු දවසට පතිරූපදේස වාසයක් ඇතිවෙනවා. නැත්නම් වෙන්නේ නෑ. එතකොට පතිරූපදේස වාසයක් ලැබුණට පස්සේ ඒක මංගල කාරණයක්.

පෙර කළ පින් තිබීම...

ඒ මංගල කාරණය මතුකරලා ගන්නේ (**පුබ්බේ ච කතපුඤ්ඤතා**) තමන් සංසාරේ පින් කරපු කෙනෙක් වෙන්න ඕන. මේ ධර්මය අහුවෙන්න නම් තමන් සංසාරේ පින් කරපු කෙනෙක් වෙන්න ඕන. ඒක මංගල කාරණයක්. බලන්න මේ මංගල කාරණා බුදුරජාණන් වහන්සේ කොයිතරම් අවබෝධයකින්ද දේශනා කළේ කියලා. මේ එකක් එකක් ගානේ අස් කරන්න කිසි දෙයක් නෑ.

අපි සංසාරේ පින් කරපු අය නම්, පතිරූපදේසයකට කැරකිලා වැටෙනවා. අපට තියෙනවා නම් අඩුගාණේ සෝවාන් වෙන්නවත් වාසනාවක්, කැරකිලා හම්බවෙනවා. නැත්නම් නෑ. දැන් බලන්න මං කියන උදාහරණය... අර පුක්කුසාතිගේ සිද්ධිය ගනිමු.

කුඹල්හලේ දී මුණගැහුණු ධර්මය...

ඔන්න බුදුරජාණන් වහන්සේ ගමකට වඩිනවා. වඩිනකොට රෑ වුණා. නවතින්න තැනක් හෙව්වා. හොයද්දි කෙනෙක් කිව්වා, "ස්වාමීනී, අන්න අතන තියෙනවා වළං හදන මනුස්සයෙකුගේ ශාලාවක්. ඔතන තමයි සංචාරය කරන ශ්‍රමණයන් වහන්සේලා රෑට නවතින්නේ. ඒකට

වඩින්න" කියලා. එතනට වැඩම කළා. වැඩම කරලා වළං හදන මුදලාලිගෙන් ඇහුවා, "අද රාත්‍රියේ මේ ශාලාවේ නවතින්න පුළුවන්ද?" කියලා. එතකොට මුදලාලි කිව්වා, "ස්වාමීනී, මට නම් කිසි ප්‍රශ්නයක් නෑ. නමුත් වේලාසනින් ආපු ශ්‍රමණයන් වහන්සේ නමක් ඉන්නවා. උන්වහන්සේ කැමති නම් මෙහෙ නවතින්න පුළුවන්" කියලා.

බුදුරජාණන් වහන්සේ වැඩම කළා. දැන් සාමාන්‍යයෙන් කරුවලයි. මේ වගේ ලයිට් නැනේ ඒ කාලේ. උන්වහන්සේ ඇතුළට වැඩියා. වටපිට බැලුවා. බලන කොට දැක්කා භික්ෂුවක් ඉන්නවා. ඉතින් ඇහුවා "පින්වත් භික්ෂුව, මමත් අද මෙහෙ නැවතුණාට කමක් නැද්ද?" කියලා. "අනේ කමක් නෑ යාළුවා... නවතින්න" කිව්වා. දැන් මෙයා මොකක් කියලද කතා කළේ? 'කමක් නෑ යාළුවා නවතින්න' කියලා.

වාසනාව උදාවුණු හැටි...

ඉතින් බුදුරජාණන් වහන්සේට එතැන පැදුරක් තිබුණා. ඒ පැදුරේ වාඩිවෙලා විවේකයෙන් භාවනා කරගෙන ඉන්න කොට අරයත් පැත්තකට වෙලා ඔහේ නිශ්ශබ්දව බලාගෙන ඉන්නවා. බුදුරජාණන් වහන්සේ සක්මන් කරනවා. අරයත් පැත්තකට වෙලා සක්මන් කරනවා.

බුදුරජාණන් වහන්සේ කල්පනා කළා, "මෙයා බොහොම තැන්පත් එක්කෙනෙක්. (අන්න බලන්න වාසනාව කැරකිච්ච තාලේ... මෙයා දඟල දඟල හිටියා නම්, කෑකොස්සං ගැහුවා නම්, උන්වහන්සේට හිතක් පහළ වෙන්නෙ නැනේ. එතකොට මෙයා පැත්තකට වෙලා තැන්පත්ව, ශාන්තව හිටියා. ඒ නිසා පැහැදුණා) මං මෙයත් එක්ක කතා කරන්න ඕන" කියලා හිතුවා.

අඳුරේ වුණත් බුදුරජාණන් වහන්සේව හඳුනගත්තා...

හිතලා අහනවා, "පින්වත් භික්ෂුව, ඔබ කාගේ ගෝලයෙක්ද?" "යාළුවා, ශාක්‍ය වංශයෙන් පැවිදි වෙච්ච ශාක්‍ය කුමාරයෙක් සම්මා සම්බුද්ධත්වයට පත්වුණා. උන්වහන්සේ හරිම ප්‍රසිද්ධයි 'ශ්‍රමණ ගෞතමයන් වහන්සේ' කියලා. මම උන්වහන්සේගේ ගෝලයෙක්" කිව්වා. "උන්වහන්සේ ළඟද පැවිදි වුණේ" කියලා ඇහුවා. "නෑ... මම උන්වහන්සේ නාමයෙන් ගිහි ජීවිතේ අත්හැරියා" කිව්වා. "ඒ බුදුරජාණන් වහන්සේව ඔබ දැකලා තියෙනවාද?" කියලා ඇහුවා. "අනේ යාළුවා, මට බලන්න හම්බවුණේ නෑ. මම මේ සැවැත් නුවරට යනවා උන්වහන්සේව බැහැදකින්නට" "දැක්කොත් අඳුරගන්න පුළුවන්ද?" කියලා ඇහුවා. "දැකලා නම් නෑ. දැක්කොත් අඳුරගනියිද කියලා කියන්න බෑ. සමහර විට බැරිව යයි" කියලා කිව්වා.

එතකොට බුදුරජාණන් වහන්සේ දැනගත්තා මෙයා පැවිදිවෙලා තියෙන්නේ තමන්වහන්සේ වෙනුවෙන්. "පින්වත් භික්ෂුව, මම ඔබට ජීවිතය ගැන අවබෝධ කරන්න යමක් කියන්න කමක් නැද්ද?" කියලා ඇහුවා. වාඩිවෙලා අහගෙන හිටියා. බුදුරජාණන් වහන්සේ දැන් මෙයාට කියලා දෙනවා මේ කය ගැන, විඤ්ඤාණය ගැන, මේවා අනිත්‍ය දේවල්. වෙනස් වෙලා යන දේවල්. මේකෙ ධාතු ස්වභාවයක් තියෙන්නේ. දැන් මෙයා අහගෙන ඉන්න කොට සෝවාන් වුණා... සකදාගාමී වුණා... අනාගාමී වුණා...

බුදුරජාණන් වහන්සේ දේශනාව ඉවර කළා පාන්දර වෙද්දි. මෙයා එතනම දිග ඇදිලා වන්දනා කරලා කියනවා "භාග්‍යවත් බුදුරජාණන් වහන්සේ හොයාගෙන තමයි මං ගියේ... මට භාග්‍යවත් බුදුරජාණන් වහන්සේව මුණගැහුණා... අනේ... සමාවන්න. භාග්‍යවත් බුදුරජාණන් වහන්ස, මං අවබෝධයකින් නෙමෙයි යාළුවා කියලා කිව්වේ... මට සමාවෙන්න. අනේ මට පැවිද්ද ලබාදෙන්න ඔබවහන්සේගේ ශාසනයේ." "පුක්කුසාතිට පාත්තර, සිවුරු ප්‍රමාණවත්ව තියෙනවාද?" කියලා ඇහුවා. "නෑ..." කිව්වා. "එහෙම නම් සිවුරු සම්පූර්ණ කරගන්න වෙනවා. සම්පූර්ණ කරගෙන කියන්න" කියලා කිව්වා.

පෙර කළ පින මතු වූ හැටි හරිම පුදුමයි...

පාන්දරම මෙයා සිවුරු හොයන්න සොහොනට ගියා. සොහොනට යද්දි හරකෙක් ඇනලා මැරුණා. බලන්න ජීවිතේ අවසාන මොහොතේ කැරකිලා ධර්මයට ආපු හැටි. බලන්න බුදුරජාණන් වහන්සේ වැඩම කරලා, අහම්බෙන් නවාතැනක් හම්බවෙලා, මෙයා කොහොමහරි එතැන්ටම ඇවිල්ලා හිටියා. එදා බුදුරජාණන් වහන්සේ එතැනට නොවැඩියා නම් එයාට හිස් අතින් මැරෙන්න වෙන්නේ. (පුබ්බේ ච කතපුඤ්ඤතා) බලන්න... පෙර පින්කොට තිබීම කැරකිලා ආපු හැටි.

මංගල කරුණු හරියට හඳුනගන්න...

එතකොට මංගල කාරණා කියන්නේ මේවාට. නැකැත්වලට නොවෙයි. ඒ මිත්‍යා දෘෂ්ටිවලට මංගල කරුණු කියන්නේ කවුද? ඒවාට මංගල කරුණු කියලා කියන්නේ මංගල කරුණු ගැන දන්නේ නැති, තිසරණය නැති අය. තිසරණයේ පිහිටපු අයට ඒවා නෑ. තිසරණයේ

පිහිටපු අයගේ මංගල කරුණු තමයි මේවා. මේවාට මංගල කරුණු අලුතින් එකතු කරන්නත්, අඩු කරන්නත් බෑ. මංගල කරුණු තිස් අටමයි ලෝකයේ තියෙන්නේ.

තමා යහමග යාම ද - උතුම් මංගල කරුණකි...

දැන් බලන්න... පතිරූපදේසවාසය තුළ පෙර පින් තිබ්ච්ච එක්කෙනාට (අත්තසම්මාපණිධි ච) මනාකොට ධර්මයට එන්න පුළුවන්. ඒක මංගල කාරණයක්. දැන් ඒ මංගල කාරණාව බලනකොට ඔබටත් සුළුවෙන් සුළුවෙන් හරි මංගල කාරණාවල් ලැබෙන්නේ නැද්ද? ලැබෙනවා. මේවා දුර්ලභ වූ දේවල්. මේ මංගල කාරණා හැමදාම, හැමතැනම ලබාගන්න පුළුවන් ඒවා නෙමෙයි. දැන් අපි ගනිමු මුස්ලිම් රටවල මංගල කාරණා එකක්වත් නෑ. එක මංගල කාරණයක්වත් නෑ. ඇයි හැමතැනම තියෙන්නේ බාල සේවනයනේ. දැන් බලන්න මේ මංගල කාරණා ගැන බලන කොටයි මේකේ දුර්ලභකම ගැන පේන්නේ.

එතකොට (අත්තසම්මාපණිධි ච) 'අත්තසම්මාපණිධි ච' කියන්නේ තමා මනාකොට ධර්මයේ පිහිටීම. මනාකොට ධර්මයේ පිහිටපු කෙනා මොකද කරන්නේ? ධර්මයේ පිහිටපු කෙනා ධර්මය තුළින්ම ආරක්ෂා කරගන්නවා. අන්න මංගල කාරණාවක්. (ඒතං මංගල මුත්තමං) මෙය උතුම් මංගල කරුණකි.

ඊළඟට බොහෝ දැනඋගත්කම....

ඊළඟ එක (බාහුසච්චං ච සිප්පං ච) එතැන දෙකක් තියෙනවා. ඊළඟට (විනයෝ ච සුසික්ඛිතෝ) තුනයි. (සුභාසිතා ච යා වාචා) හතරයි. 'බාහුසච්ච' කිව්වේ බොහෝ

දැනැගත් බව. දැන් බුදුරජාණන් වහන්සේගේ ධර්මය මං හොඳට ඉගෙන ගත්තා. එතකොට ඒක මං ඇති කරගත්තු මංගල කාරණාවක් නොවෙයිද? මංගල කාරණාවක්. කෙනෙක් ඉන්නවා ධර්මය හරියට ඉගෙනගෙන නෑ. එතකොට එයා 'ධර්මය... ධර්මය...' කිය කියා එක එක දේට අහුවෙනවා. ඇයි ඒ? ඒ මංගල කාරණය නෑ. මංගල කාරණය තිබුණා නම් ඒක වෙන්නේ නෑ. විශේෂයෙන්ම වර්තමානයේ.

දහම නොදැන අතරමං වීම...

මම ලඟදි 'හැලිෆැක්ස්' කියන පළාතට ගියා. ඒකේ තියෙනවා ටිබෙට් ආගමේ ස්ථානයක්. එතැන තමයි අපේ ධර්ම දේශනාව තිබුණේ. අනේ.... පම්පෝරි ගැහුවට බුදුරජාණන් වහන්සේගේ පින්තූරයක්වත් තිබුණේ නෑ. ඇන්ටික්ස් බඩු වගේ අර කැටයම් ගොඩේ පොඩි බුදු පිළිම තියෙනවා. 'තාරා' කියන මහායාන සංකල්පයක එක්කෙනෙකුගේ පින්තූරයක් තියෙනවා. ඒ හාමුදුරුවෝ කසාදත් බඳිනවා. ඒක මේ බටහිර ක්‍රමයට ලක්වෙලයි ආවේ. ටිබෙට් පොත් කියෙව්වට පස්සේ තමයි තේරෙන්නේ 'තාරා' කියන එක මන්ත්‍ර පුරුදු කර කර ඉන්න බෝසත් කෙනෙක් හැටියටයි ඒකේ උගන්වන්නේ. දැන් මේගොල්ලෝ උගන්වනවා 'තාරා ඩාන්ස්.' සුදු නෝනලා නටනවා පෙන්වනවා.

දැන් බලන්න මේක බටහිර ක්‍රමයකට ලක්වෙලා. දැන් බහුශ්‍රැත කෙනෙකුට ඔය ගොඩේ ඉන්න බෑනේ.... ඇයි හොඳට බුද්ධ දේශනා ප්‍රගුණ කරලා තියෙනවා නම් මේ අඩුව පේනවනේ... 'මේක නම් මාර්ගය නොවෙයි. මේක වැරදියි' කියලා දකිනවා. ඒක සුදු අය දකිනවාද? සුදු අය දකින්නේ නෑ. අන්න එතෙන්ට යනවා.

එතකොට මං බැලුවා කවුරුත් නෑනේ මේක කියන්න. මේ සුදු අය හරියට යනවා කෑම්ප් ගහගෙන 'මෙඩිටේෂන්' කියලා. එහෙන් 'තාරා ඩාන්ස්'. එහෙන් 'ස්පිරිචුවල් වෙඩින්ස්' කියලා එකක් යනවා. එතකොට මොකක්ද මේ? 'බාහුසච්ච' නැතිවෙලා... බහුශ්‍රැත භාවය නැතිවෙලා... මංගල කාරණයක් නැතිවෙලා... දැන් අපි මේ හඳුනගත්තේ මක්නිසාද? අපිට බුද්ධ වචනය මතක් වෙනවා. මේවා කියන කොට 'මේ නම් බුද්ධ වචන නොවෙයි. මේක බුදුරජාණන් වහන්සේගේ ධර්මයක් නොවෙයි' කියලා.

බුදුරජාණන් වහන්සේගේ ධර්මය කුමක් පිණිසද?

බුදුරජාණන් වහන්සේගේ ධර්මය කියන්නේ විරාගය පිණිස, රාගය දුරුකිරීම පිණිස, නිවන අවබෝධ වීම පිණිස දේශනා කළ ධර්මයක්. මේක නම් මේ ධර්මය නාමයෙන් යන එකක්' කියලා මතක් වෙනවා. මේ මොනවාද මේ කියලා ආන්න නුවණින් කල්පනා කරනවා මංගල කාරණාවක්.

නොයෙකුත් ශිල්ප දත් බව...

(සිප්පං ච) නොයෙකුත් ශිල්ප දත් බව. ශිල්පීය ඤාණය කියන එක බොහොම වටිනා එකක්, මංගල කාරණාවක්. අපේ රටේ ඒක මංගල කාරණාවක් හැටියට ලැබෙන්නේ නෑ. අපේ රටේ හොඳට ශිල්පීය ඤාණය පුහුණු කළොත් ඕනතරම් මේ ලෝකයේ රැකියාවල් තියෙනවා. එහෙම එකක් නෑ. අපි අහලා තියෙනවානේ එහෙම ඉස්සරහට යන්න දෙන්නේ නෑ.

අපේ රටේ කථාවක් තියෙනවා... ඔන්න අපායේ තියෙනවාලු ලොකු වළවල්, මේ එක එක රටවලින් ආපු අයට. රුසියාවෙන් ආපු අයට ගැඹුරු වළක් තියෙනවලු. ඇමරිකන් අයටත් ගැඹුරු වළක් තියෙනවාලු. ලංකාවේ අයට තියෙනවාලු අඩියක් විතර ගැඹුරු පොඩි වළක්. මොකද ඒ හේතුව කියලා අහලා තියෙනවා. අර ගැඹුරු වළවල් කරලා තියෙන්නේ මොකද, එකා පිටේ එකා නැගලා එළියට පනිනවා. ලංකාවේ අයට ගැඹුරු වළක් නැත්තේ මොකද? එකෙකුටවත් එළියට පනින්න දෙන්නේ නෑ. එල්ලෙන එක්කෙනාව අල්ලලා බිම දානවා. බලන්න මේ කතන්දරවල ඇත්ත. මම ඒ ඇත්ත හැමතිස්සේම අත්දකිනවා.

ඒ කියන්නේ මේ මිනිස්සු කතන්දර හදලා තියෙන්නේ නිකම් නෙවෙයි. මේවට කියන්නේ ජන කථා කියලා. මේ ජන කථා එන්නේ සමාජයේ තියෙන අත්දැකීම් වලින්. ඇයි කවුරුහරි හොඳ දෙයක් කරන්න හැදුවොත් එයාව ඇදලා වට්ටවන්නමයි ඔක්කෝම ලෑස්ති වෙන්නේ. මහමෙව්නාව පටන්ගන්න කොටත් ඒක වුණානේ... කවුරුහරි හොඳ දෙයක් කරන්න හැදුවොත් ඇදලා වට්ටවන්නමයි හදන්නේ.

විනයකින් හික්මුණු බවත් මංගල කරුණක්....

කොහේද ශිල්පීය ඥාණය? කෝ මංගල කරුණු? **(බාහුසච්චං ච සිප්පං ච)** අන්න නොයෙකුත් ශිල්ප දත් බව. **(විනයෝ ච සුසික්ඛිතෝ)** මනාකොට හික්මී තිබීම. අපි ඇවිල්ලා තමයි හැමතිස්සේම උගන්වන්නේ. අපට තේරෙනවා විනය නෑ කියලා. අපි පුරුදු වෙලා තියෙන්න ඕන බුද්ධ දේශනාවට අනුව සකස්වෙන්න.

දානේ වළඳන්න ගියාට පස්සේ අපේ අසපුවලදී අපි මහන්සි ගන්නවා ලොකු නිශ්ශබ්දතාවක් පවත්වන්න. බණ අහන්න ආපුවාමත් බොහෝම නිශ්ශබ්දයි. දානේ ගෙනාපුවාමත් නිශ්ශබ්දයි. ඇහුණොත් පිඟන් ශබ්දේ විතරයි.

සීලය තුළ හික්මීම...

සමහර තැන්වලට ගියපුවාම අපට තේරුණා එහෙම නිශ්ශබ්දතාවයක් නෑ, **'විනයෝ ච සුසික්ඛිතෝ'** නෑ කියලා. දානේ ගේන්න කියපුවාම ව්‍යාංජනවල නම් කියලා කෑගහනවා 'අරක ගේන්න.... මේක ගේන්න...' කියලා. මේ මාස ගාණක් හාමතේ ඉඳලා වගේ.... දානේ ගන්න කොට මේගොල්ල මේ ආහාර ගන්නවාද කියලා හොයන්න බැරි විදිහට දානේ ගන්න ඕන. මේගොල්ලෝ මේ භාවනා කරන අය කියලා හික්මෙන්න ඕන. ආන්න ඒක විනයට අයිති එකක්. සීලය තුළ හික්මීම. **'විනයෝ ච සුසික්ඛිතෝ'** මංගල කාරණාවක්.

යහපත් වචන කතා කිරීමත් මංගල කාරණයක්...

ඊළඟට **(සුභාසිතා ච යා වාචා)** යම් වචනයක් සුභාෂිතද, ඒක මංගල කාරණයක්. මොකක්ද සුභාෂිත වචන? බුදුරජාණන් වහන්සේගේ වචන. බොරුවක් නොවන, කේළමක් නොවන, පරුෂ වචනයක් නොවන, හිස් වචනයක් නොවන දේ ලෝකයේ හොයනවා නම් බුද්ධ වචනයක් විතරයි. **(සුභාසිතා ච යා වාචා)** යම් වචනයක් සුභාෂිතද, ඒක මංගල කාරණයක්.

එතකොට බුදුරජාණන් වහන්සේගේ ධර්මය අපි අහන කොට මංගල කාරණා කීයක් ලැබෙනවාද?

පළවෙනි එක තමයි **පණ්ඩිතානං ච සේවනා.** ඊළඟට **පූජා ච පූජනීයානං, පතිරූපදේසවාසෝ ච, පුබ්බේ ච කතපුඤ්ඤතා, අත්තසම්මාපණිධි ච.** මේ ඔක්කෝම හම්බවෙනවා කළ්‍යාණමිත්‍ර සේවනයෙන්. ඊළඟට බහුශ්‍රැතභාවය වැඩෙනවා. ඊළඟට ක්‍රමානුකූලව වැඩකිරීම ලැබෙනවා. විනයේ හික්මීම ලැබෙනවා. සුභාෂිත වචන ලැබෙනවා.

අර්ථය දැනගත්තොත් මංගල කාරණා ඔබටත්...

දැන් බලන්න මේ මංගල කාරණා අපි හඳුනාගත්තේ නැත්නම් අපි හිතන්නේ මේක නිකම් එක එක උත්සවවලට ජප කරන්න තියෙන එකක් කියලනේ. අපි මේක හඳුනාගත්තේ නැතිනම් හිතන්නේ මංගල කාරණා කියන්නේ, උත්සවයක නැකත කියලා. අපි නැකතට පහන දල්වලා මංගල සූත්‍රය කියනවා. බැලුවට පස්සේ මංගල කාරණා එකක්වත් නෑ. ඇයි සුභාෂිත වචන කියලා දැනගන්න නම් ඒකේ අර්ථය දැනගන්න එපායැ. අර්ථය අහුවෙන්නෙත් නෑ. එතකොට යම් වචනයක් කියන කොට ඒක සුභාෂිතයක් නම් ඒකේ අර්ථය දැනගන්න ඕන. අර්ථය දැනගත්තේ නැත්නම් මංගල කාරණා දැනගන්න හම්බවෙන්නේ නෑ.

බුදුරජාණන් වහන්සේගේ කාලේ උත්තර කියලා රහතන් වහන්සේ නමක් වැඩසිටියා. දවසක් උන්වහන්සේ භික්ෂූන් වහන්සේලාට මේ අනිත්‍ය ගැන, මරණය ගැන, ධර්මයක් දේශනා කළා. වෙස්සවණ දිව්‍යරාජයා මේක අහගෙන ඉඳලා ගිහින් ශක්‍ර දෙවියන්ට මේක කිව්වා. ඊටපස්සේ ශක්‍ර දෙවියෝ ඒක අහලා උත්තර ස්වාමීන් වහන්සේට කියනවා "අනේ ස්වාමීනී, හරි ලස්සන

බණක්නේ. ඔබවහන්සේ මේක කාගෙන්හරි අහගෙන දේශනා කළාද? නැත්නම් ඔබවහන්සේටමද මේක වැටහුණේ?" කියලා. එතකොට කියනවා, "පින්වත් දේවේන්ද්‍රය, ලෝකයේ යමක් සුභාෂිතද, ඒ සියල්ල භාග්‍යවත් අරහත් සම්මා සම්බුදුරජාණන් වහන්සේගේ වචනයි. අපි ඒ වචන තමයි උපුට උපුටා දක්වන්නේ" කියලා.

යමක් සුභාෂිත ද, ඒ සියල්ල බුදුරජාණන් වහන්සේගේ ය.

ඒක හරියට මේ වගේ කියනවා. ඔන්න තියෙනවා ධාන්‍ය කන්දක්, අපි හිතමු මුං ඇට කන්දක් කියලා. එතනින් කෙනෙක් භාජනවලට මුං ඇට අරන් යනවා. කෙනෙක් අහනවා 'කොහෙන්ද ඔයාට මේවා?' කියලා. එයා මොකක්ද කියන්නේ? අන්න අසවල් තැන මුං ඇට කන්දක් තියෙනවා. ඒකෙන් තමයි මේ අරගෙන එන්නේ... මේ වගේ තමයි යමක් සුභාෂිතද, ඒ සියල්ලම බුදුරජාණන් වහන්සේගේය. එහෙම නම් ලෝකයේ සුභාෂිත වචන කොහෙද තියෙන්නේ? බුද්ධ දේශනාවලයි. අන්න ඒක මංගල කාරණාවක්. **(ඒතං මංගල මුත්තමං)**

සැබෑම මව්පිය උපස්ථානය...

අන්න එහෙම සුභාෂිත ධර්මය අහපු කෙනාට දැන් සාමාන්‍ය ජීවිතේ තේරෙනවා. කොහොමද එයා කටයුතු කරන්නේ? **(මාතාපිතු උපට්ඨානං)** මව්පියන්ට උපස්ථාන කරනවා. මව්පියන්ට උපස්ථාන කරනවා කියන්නේ මොකක්ද? අපි කියමු අම්මට තාත්තට මෙයා ගොඩක් ආදරෙයි. ඒ අයව අරගෙන යනවා රෙදි සාප්පුවකට.

ගිහිල්ලා කියනවා "අම්මේ... කැමති තරම් රෙදි ගන්න" කියලා. අම්මත් ගන්නවා, තාත්තත් ගන්නවා. දැන් කන්ටේනර් එකක රෙදි තියෙනවා. මෙයාලව සතුටු කරනවා. ඒකත් උපස්ථානයක් තමයි. නමුත් ඒක සම්පූර්ණ උපස්ථානයක් නෙවෙයි.

සමහර විට අම්මා, තාත්තා කන්න කැමති දේවල් කඩවල්වලට එක්කරගෙන ගිහිල්ලා දරුවෝ අරගෙන දෙනවා. ඒ ගැන දෙමාපියන්ට සතුටක් තියෙනවා. ඒකත් උපස්ථානයක් තමයි. නමුත් නියම උපස්ථානය නෙවෙයි. නියම උපස්ථානය වෙන්නේ ඔහොම නෙවෙයි කියනවා. කොටින්ම කියනවා නම් අම්මා, තාත්තා දෙන්නා අවුරුදු සීයක් කර දෙපැත්තේ තියාගෙන, කවාගෙන පොවාගෙන හිටියත් ඒක නියම උපස්ථානය නෙවෙයි කියනවා.

නියම උපස්ථානය නම් අම්මා, තාත්තා දෙන්නට බුදුරජාණන් වහන්සේගේ ධර්මය කියා දීලා බුදුරජාණන් වහන්සේ ගැන හිත පහදවන්න ඕන. බුදුරජාණන් වහන්සේගේ ධර්මය ගැන හිත පහදවන්න ඕන. බුදුරජාණන් වහන්සේගේ මගඵලලාභී ශ්‍රාවකයන් ගැන හිත පහදවන්න ඕන. තෙරුවන් සරණේ පිහිටුවන්න ඕන. සීලයේ පිහිටුවන්න ඕන. ඊළඟට ධර්ම ඥාණය ලබාදෙන්න ඕන. ශ්‍රද්ධා, සීල, ශ්‍රැත, චාග, ප්‍රඥා කියන සේඛ බලවල පිහිටුවන්න ඕන. ඒක තමයි නියම උපස්ථානය. අන්න ඒක මංගල කාරණයක්.

දෙමව්පියන්ව පිනට යොමු කරන්න...

සල්ලි දෙන්න ඕන අම්මට, තාත්තට "අම්මේ, මේ සල්ලි වලින් දන් දෙන්න. උපස්ථාන කරන්න. අනිත් අයට උදව් කරන්න" කියලා. එතකොට අම්මා, තාත්තා

කල්පනා කරනවා, 'දරුවෝ මට මේ සල්ලි දුන්නේ දන් දෙන්න' ඉතින් අම්මා, තාත්තා පුරුදු වෙනවා දන් දෙන්න. අන්න දන් දෙනවා. ත්‍යාගය පුරුදු වෙනවා. ඊට පස්සේ බුදුරජාණන් වහන්සේ දේශනා කරපු විදිහට අනිත්‍ය වශයෙන් ලෝකය දිහා බලන්න පුරුදු වෙනවා. ශ්‍රද්ධා, සීල, ශ්‍රැත, චාග, ප්‍රඥා දෙමව්පියන්ට ලබාදීම තමයි මව්පියන්ට කරන නියම උපස්ථානය. (මාතාපිතු උපට්ඨානං)

සතර සංග්‍රහ වස්තුවෙන් සැළකීම...

ඊළඟ එක (පුත්තදාරස්ස සංගහෝ) 'පුත්ත' කියන්නේ දරුවන්. 'දාර' කියන්නේ බිරිඳ. අඹුදරුවන්ට සංග්‍රහ කිරීම. කොහොමද අඹුදරුවන්ට සංග්‍රහ කරන්නේ? දානය, ප්‍රිය වචනය, අර්ථ චරියාව, සමානාත්මතාවය. සතර සංග්‍රහ වස්තුවෙන් අඹුදරුවන්ට සංග්‍රහ කිරීම. කොහොමද අඹුදරුවන්ට සතර සංග්‍රහ වස්තුවෙන් සංග්‍රහ කරන්නේ? එයා හම්බ කරපු දේ අඹුදරුවන් උදෙසා වියදම් කරනවා. (දානය) යහපත් වචන වලින් කතාබස් කරනවා. (ප්‍රිය වචනය) යහපත් වචනයට අයිතියි ධර්මය. ධර්මය ලබාදෙනවා. යහපතේ හැසිරෙනවා. (අර්ථ චරියාව) එහෙම යහපතේ හැසිරෙනකොට ගුණයෙන් සමාන වෙනවා. (සමානාත්මතාවය) මේකෙන් තමයි අඹුදරුවන්ට සලකන්නේ. ඒකත් මංගල කාරණයක්.

නිරවුල් කටයුතු...

අන්න එහෙම තියෙන කෙනාගේ පොදු ලක්ෂණයක්, ඒ මොකක්ද? (අනාකුලා ච කම්මන්තා) වැඩ අවුල් නෑ... ආකූලයි කියලා කියන්නේ පින පව මිශ්‍රවෙලා... හොඳ නරක මිශ්‍රවෙලා... ඒ කියන්නේ හොඳත් කරනවා, නරකත් කරනවා. හරි දේත් කරනවා, වැරදි දේත් කරනවා. හරි දේ

කරන වෙලාවට හරි දේ කරනවා. ඊළඟ පැත්තට යනකොට වැරදි කරනවා. කලවම් වෙලා එයාට. **(අනාකුලා ච)** අවුල් නෑ වැඩ. හොඳ දේ විතරයි. එතකොට ඒක මොකක්ද? මංගල කාරණයක්. එතැන අවුල් කියලා කිව්වේ හොඳ නරක අවුල් කරගන්නෙ නෑ. එයා හොඳම තෝර තෝර එකතු කරගන්නවා. **(අනාකුලා ච කම්මන්තා, ඒතං මංගල මුත්තමං)**

දන් දීමත් මංගල කාරණයක්....

ඊළඟ එක (දානං ච) දන්දීමත් මංගල කාරණයක්. සාමාන්‍යයෙන් ගත්තොත් අපේ වැඩසටහන්වලදී මිනිස්සු හරියට පින් කරගන්නවා. සමහර දවස් තියෙනවා හාල් සේරු 800 ක් උයන්න ඕන. එක්කෝ හාල් සේරු 900 ක් උයන්න ඕන දානෙට. පොළොස් එහෙම කරත්තයක් ගේනවා. සාමාන්‍යයෙන් 150 ක් 200 ක් උයන්න එනවා. ගම් පිටින් එනවා උයන්න. බුදුරජාණන් වහන්සේගේ කාලේ වගේ... කාටවත් පේන්නේ නෑ ඒ ඇතුලේ වැඩපිළිවෙල. භාවනා වැඩසටහනක් දවසට සමහර දවස්වලට 12000 ක් විතර එනවා, 15000 ක් විතර එනවා. එතකොට එන ඔක්කොටම කන්න දෙන්න ඕනනේ. ගම් පිටින් ලෑස්තිවෙලා ඇවිල්ලා එළිවෙනකම් උයනවා. උයලා උයලා හරියටම විනාඩි 45 ක් ඇතුළත අර 15000 ටම බෙදලත් ඉවරයි. ඒ කියන්නේ ඒගොල්ලන්ට ඒක හොඳට පුරුදුවෙලා. දානය කියන්නේ මංගල කාරණයක්.

කවදාවත් දානේ භාරගන්නේ නැති දවසක් නෑ. ඇයි ඒවා මංගල කාරණා කියලා දැනගත්තට පස්සේ බොහොම කැමැත්තෙන් ඒගොල්ල ඒක කරනවා ජීවිත කාලේම. දහස් ගාණක් භාවනා කරන කොට දන් දෙන්න අවස්ථාවක් ලැබෙන්නේ නැනේ....

දානමය පින මගහැරගන්න එපා...

අපි කියනවා 'කැමති කැමති කෙනා තමන්ගේ දවල් දානය අරගෙන එන්න' කියලා. පුළුවන් තමයි, හැබැයි දානමය පිංකම කරගන්න තියෙන අවස්ථාව අහිමි වෙනවා. අන්න ඒකයි දානය මංගල කාරණයක් කියන්නේ.

අමාරුවෙන්, කීපදෙනෙක් එකතු වෙලා හරි දානෙ දුන්නොත් එදාට ඒගොල්ලෝ විශාල පිනක් එකතු කරගන්නවා. අනිත් අය අනුමෝදන් වෙනවා. එතකොට මේ දානය සිල්වතුන්ටනේ දෙන්නේ.... ස්වාමීන් වහන්සේලාත් සිල්වත් නම් උන්වහන්සේලාට දන්දීම මහත්ඵලයි, මහානිසංසයි. ස්වාමීන් වහන්සේලා ඉන්න පුළුවන්, උන්වහන්සේලා ගැන හොයන්න බෑ සමහරවිට. එතකොට රහතන් වහන්සේලා, මගඵලලාභීන් සිහි කරගෙන දන් දෙන්න ඕන. එතකොටත් මහත්ඵලයි, මහානිසංසයි.

දන් දීමේදි සිදුරු හිතේ තියාගෙන දන් දුන්නොත් එහෙම 'අපි මේ දන් දෙන්නේ සිල්වත්, ගුණවත් අයට නෙවෙයිනේ...' කියලා ඒක මහත්ඵල, මහානිසංස වෙන්නේ නෑ. ඇයි හිත පැහැදිලා නැනේ.... දානයකදී විශේෂයෙන්ම වැදගත් වෙන්නේ හිත පහදවාගෙන දීම.

පින හරියට කරගන්න...

බුදුරජාණන් වහන්සේගේ කාලෙ තදින් පායන කාලයක් ආවා. ඉන්දියාවේ පායන කාලෙට මීට වඩා ගොඩාක් අමාරුයි. මේ බිත්ති ඔක්කෝම රත්වෙනවා. පහසුකම් මොකුත් නෑ. ගස්වැල් ඔක්කෝම වේලෙනවා.... දූවිලි සහිත හුළඟ හමන්නේ.... ඉතින් එක මනුස්සයෙක්

උක් ගස් මිටියක් අරගෙන, එක උක් ගහක් කකා යනවා. මෙයාගෙ පිටිපස්සෙන් එනවා හරි සිල්වත් මනුස්සයෙක්. සමහරවිට ඒ මගඵලලාභී කෙනෙක් වෙන්න ඇති මේ සිද්ධිය බලද්දි. එයාට දවස් ගාණකින් ආහාරයක් නෑ.

එයා කියනවා, "අනේ පින්වත.... මටත් ඔය උක් ගස් කෑල්ලක් දෙන්න" අරයා ඇහෙන්නේ නෑ වගේ යනවා. ආයේ තව ටික දුරක් යන කොට කියනවා, "පින්වත.... මට බඩගිනියි" කියලා. ඇහෙන්නේ නෑ වගේ යනවා. ආයේ යන කොට ආයේ කිව්වා. "ඔන්න එහෙනම්...." කියලා අත පිටිපස්සට කරලා දුන්නා. අත පිටිපසස්සට කරලා "ආ... ආ... ගන්නවා" කියලා දුන්නා. දැන් උක් ගස් කෑල්ල දීලා මෙයා ගියා. අරයත් උක් ගස් කෑල්ල අරගෙන බොහෝම පිං දීලා මේක අනුභව කරලා මෙයාට කලන්තේ නොහැදී එයාගේ ජීවිතය ඉස්සරහට අරගෙන ගියා.

අර උක් ගහ දන් දීපු මනුස්සයා මැරුණා. එයාගේ ජීවිතේ කරලා තියෙන පින ඔච්චරයි. ලොකු පිනක් එකත්. ඒ කියන්නේ සමහරවිට ඔය කියන හැටියට මේ උක් දණ්ඩ පිළිගත්තේ මගඵලලාභී කෙනෙක්. මෙයා මැරිලා ගිහින් උපන්නා භූතයෙක් වෙලා. විශාල උක් වනයක් මෙයාට පහළවෙලා තියෙනවා. දැන් මෙයාට බඩගිනියි. මෙයා ගියා උක් ගස් කන්න. උක් දඬු කන්න ගියාහම උක් ගස් නැමිලා ගහනවා මෙයාට. මෙයාගේ අත පය ඔක්කෝම කැපෙනවා. අඬාගෙන දුවනවා. අනිත් පැත්තට දුවන කොට නැමිලා උක් ගස් ගහනවා මෙයාට. ඊළඟට වටේ දුවනවා. කිට්ටු වෙන්න බෑ මෙයාට. මෙයා බඩගින්නේ.... පිපාසයේ.... තැවි තැවී ඉන්නවා මේ දිහා බල බලා.

දුන්නේ යම් විදිහකට ද, ලැබෙන්නේ ඒ විදිහටයි...

වාසනාව කියන්නේ රහතන් වහන්සේ නමක් මේ සිද්ධිය දැක්කා. "අනේ ස්වාමීනී, මං ඉපදිච්ච දවසේ ඉඳලා බඩගින්නේ ඉන්නේ... මට පහළ වෙලා තියෙනවා හොඳ උක් වනයක්. ඒත් මට අනුභව කරන්න බෑ" කිව්වා. රහතන් වහන්සේ මේ සිද්ධිය දැක්කා. දැකලා කියනවා, "ඔහොම ඔයාට කවදාවත් බෑ ඕක කන්න. ඔයා පස්සෙන් පස්සට යන්න. ගිහිල්ලා පිටිපස්සෙන් අත දාලා ගන්න" කිව්වා. දැන් මෙයා පිටිපස්සෙන් පිටිපස්සට ගිහිල්ලා, පිටිපස්සෙන් අතදාන කොට උක් ගහට මොකුත් ප්‍රශ්නයක් නෑ. කඩලා ගත්තා. පිටිපස්සෙන් පිටිපස්සට ගිහිල්ලා කඩලා අරගෙන ඒ පැත්තට හැරිලම ගියා. ගිහිල්ලා කෑවා. එදා තමයි බඩගින්න නැතිවුණේ. දුන්නේ යම් විදිහකටද, ලැබෙන්නේද ඒ ආකාරයටයි.

මම ඒකයි දන්න අයට කියන්නේ කවදාවත් පරණ ඇඳුමක් දෙන්න එපා කියලා. කාටහරි නැති බැරි කෙනෙකුට ඇඳුමක් දෙනවා නම්, තමන් ඇඳපු නැති එකක් දෙන්න. නැතිනම් නොදී ඉන්න. මොකද හේතුව? පරණ එකක් දෙන කොට එයා සංතෝෂයට පත්වෙනවද? සංතෝෂයට පත්වෙන්නේ නෑ.

ව්‍යාපාර අසාර්ථක වෙන හේතුව...

දවසක් සාරිපුත්ත මහරහතන් වහන්සේ බුදුරජාණන් වහන්සේගෙන් අහනවා, "භාග්‍යවතුන් වහන්ස, සමහරු ව්‍යාපාර පටන් ගන්නවා. කඩාකප්පල් වෙනවා. හොඳ රස්සාවල්වලට සුදුසුකම් තියෙනවා. නමුත් හම්බවෙන්නෙ නෑ. ජීවත් වෙනවා. නමුත් ලොකු ආදායමක් නෑ.

සාමාන්‍යයෙන් හිතේ සතුටක් නෑ. එතකොට ව්‍යාපාරයක් පටන් ගත්තොත් බංකොලොත් වෙනවා. මෙහෙම වෙන්නේ මොකද?"

බුදුරජාණන් වහන්සේ වදාළා, "මෙහෙම වෙන්නේ එයා සංසාරේ දීපු විදිහ නිසයි. එයා ශ්‍රමණ බ්‍රාහ්මණයන් වහන්සේලාට පොරොන්දු වෙනවා අසවල් වැඩේ කරන්න මං භාර ගන්නවා. ඊට පස්සේ සිල්වතුන්, ගුණවතුන් වහන්සේලා ලොකු බලාපොරොත්තුවක් ඇතිකර ගන්නවා. මෙයා ඒක කරන්නෙ නෑ. අන්න ඒ වගේ ජීවත් වුණාම... 'දන් දෙන්නම්' කියලා පොරොන්දු වෙලා අවසාන මොහොතේදී 'දානෙ දෙන්න බෑ' කිව්වාම එහෙම වෙනවා..." ව්‍යාපාර පටන් ගන්න කොට බංකොලොත් වෙනවා.

නම නැත්නම් ....

මට මතකයි ලංකාවේ එක මනුස්සයෙක්, (එයා එක්තරා අරණ්‍යයක සභාපති කෙනෙක්.) මං එක්තරා ප්‍රදේශයක භාවනා වැඩසටහනක් කරන්න ගියාම (වෙන දායක පින්වතෙක් මට ආරාධනා කළේ... සමහරුන්ට ඕන කරනවා තමාට තැනක් ලබාගන්න. ඒ තැන නැත්නම් තමන්ට පුළුවන්තරම් බාධා කරනවා...) මං ලෑස්ති වෙලා හිටියේ වෙන තැනකට යන්න. මං කවුරුත් දන්නෙත් නෑ... වෙන කවුරුත් අඳුනන්නෙත් නෑ.

මෙයා කතාවක් පතුරලා තියෙනවා මෙයා තමයි මාව ගෙන්වන්නේ.... මෙහෙමයි කරන්නේ කියලා. ඊට පස්සේ එයා වෙනම ලොකු ලොකු අයට කියලා මගෙන් අහන්නෙත් නැතුව, මං දන්නෙත් නැතුව වෙන ගෙවල්වල මාව නවත්තගන්න කාමරත් බුක් කරලා... ඉතින් මං

මොකුත් දන්නෙ නෑ. අඩුගානේ මට කෝල් කරලාවත් කියන්න එපැයි.

ඉතින් මට මේක ආරංචි වුණා. මං වැඩසටහනට ආරාධනා කළ මහත්තයාට කිව්වා, මං කිසිම තැනක නවතින්නේ නෑ. මට ආරාධනා කළේ ඔබතුමා. ඔබතුමා සූදානම් කරන තැනක විතරයි මං නවතින්නේ කිව්වා. දැන් අරයට ඕන වුණේ එයා තමයි ගෙන්නුවේ කියලා නම ගන්න. එයාට ඒක කරගන්න බැරිවුණා. දැන් දෙදාහක් තුන්දාහක් විතර සෙනඟ ඇවිල්ලා... මෙයා දානෙ බාරගත්ත අයට කෝල් කර කර කියලා දානේ කැන්සල් කියලා...

පින කරගන්න ඕන අවබෝධයෙන්....

මේ අරණ්‍යයක සභාපති කෙනෙක්. ඉතින් දවල් එකොළහයි. දානෙ නෑ. මට ආරාධනා කරපු මනුස්සයට එච්චර සල්ලිත් නෑ. අනේ... ඒ මනුස්සයා රුපියල් විසිපන්දාහක ණයක් අරගෙන එවෙලේම කඩවල් ගානේ ගිහිල්ලා බත් පාර්සල් අරගෙන දුන්නා. ඉතින් ඒ විදිහට පින් කරගන්නවා.

අරයා බැලුවේ මොකක්ද? තමන්ගේ නම ගාවගෙන මේක කරන්න දෙන්නේ නැත්නම්, දානෙ දෙන්නෙ නෑ කියලා. බලන්න එයාගේ අවබෝධය. එතකොට අපි තේරුම් ගන්න ඕන අවබෝධයක් ඇතිකමත්, අවබෝධයක් නැතිකමත් අතර කොයිතරම් වෙනසක් තියෙනවාද කියලා.

පින්වත්නි, දානය කියන එක අපි හරියට දෙන්න ඕන. ඒක නියම විදිහට දෙන්න ඕන. එතකොට තමයි ඒකෙන් අපිට සංසාරෙදි නියම විදිහට ප්‍රයෝජන ලැබෙන්නේ.

හිතපු නැති විදිහට සාර්ථක වෙන ව්‍යාපාර...

බුදුරජාණන් වහන්සේගෙන් අහනවා, "ස්වාමීනී, සමහරු ව්‍යාපාර කරන්න පටන් ගන්නවා. හොඳ රස්සාවල් හම්බවෙන්නේ නෑ. රස්සාවල් නැත්තෙත් නෑ. තියෙනවා... නමුත් ඒ රස්සාවල් වලින් මෙයාට තෘප්තිමත් වෙන්න බෑ. ව්‍යාපාර පටන් ගත්තාම ඒ ව්‍යාපාර දියුණු වෙන්නේ නෑ. නමුත් වැටෙන්නෙත් නෑ" කියලා.

ඒ තමයි එයා දීපු විදිහ. එයා සංසාරේ ශ්‍රමණ බ්‍රාහ්මණයන් වහන්සේලාට දානෙ දීමේදී ඒ ගාණට දෙනවා. බඩේ ගෑවී නොගෑවී යන්න දෙනවා. යමක් උපකාර කිරීමේදී යන්තම් කරලා දෙනවා. එතකොට එයාට සංසාරේ ලැබෙන්නේ යන්තම්. ඔන්න පුරුදු වුණාම වෙන දේ....

මං මේවා හරියට ඉගෙන ගත්තා මගේ ජීවිතයේදී. මේ දේශනාවල් නිසා දානයක් දෙන හැටි හරියට ඉගෙන ගන්න ලැබුණා. නැත්නම් අපි දන්නෙ නෑනේ හිත පහදවාගෙන දන් දෙන්න.

ඊළඟට බුදුරජාණන් වහන්සේ දේශනා කරනවා, සමහරු පොඩියට පටන් ගන්නවා. මෙන්න හිතපු නැති විදිහට උසස්වීම් ලැබෙනවා. ඉහළ තනතුරු ලැබෙනවා. ඉහළ පඩියක් ලැබෙනවා. 'මං හිතුවේ නෑ මෙහෙම වෙයි' කියලා කියනවා. සමහරු පොඩියට ව්‍යාපාර පටන් ගන්නවා. බලාපොරොත්තු නොවූ ආකාරයට දියුණු වෙලා යනවා.

මොකද හේතුව? සංසාරේ දන් දීමේදී ශ්‍රමණ බ්‍රාහ්මණයන් වහන්සේලාට පිනායන්න, හොඳට ඇතිවෙන්න

දන් දීලා.... කාටහරි අසරණ, අහිංසක කෙනෙකුට යමක් දෙන කොට උපරිමයෙන්ම දෙනවා.

අසරණ වෙනවා කියන එක ඕනම වෙලාවක, ඕනම කෙනෙකුට වෙන්න පුළුවන්. දැන් සුනාමිය ආවා... සුනාමියේදී අසරණ වුණේ දුප්පත් පවුල් විතරද? මොනවත් නැති මිනිස්සු විතරද? හොඳ වැදගත්, යානවාහන තියාගෙන හිටපු කෝටිපති මිනිස්සු මොනවත් නැතිව පාරට වැටුණනේ.... හොඳ වැදගත් පවුල්වල අවුරුදු 16, 17, 18 ළමයි, වාහනේ නැතුව එළියට බැස්සෙ නැති අය මේ ශාලාවල මුළුවල ඉන්නවා. ඉතින් ඔය ළමයි යනවද අර පරණ ඇඳුම් ගන්න? යන්නෙ නෑනේ.

දන් දෙන්න නිවැරදිව...

එතකොට අපිට පුළුවන් වුණා නම් හොඳ ඇඳුමක් දෙන්න, 'ආ... දුව මේක ගන්න. ඇඳගන්න දුව' කියලා අන්න පින. එක එක පළාත්වලින් ඇඳුම් ලොට් එකක් ආවා. ඒවා පාපිසිවලට නම් හොඳයි. මං කල්පනා කළා 'අනේ... මිනිස්සු කොච්චර පව් කරගන්නවාද?' කියලා. පින් කරපු අයත් ඉන්නවා. මට මතකයි සමහරු මිනිස්සු සාප්පුවලට ගිහිල්ලා සාප්පුවලින් එවෙලෙම ඇඳුම් අරගෙන එවෙලෙම ගිහින් දෙනවා. ඒකට තමයි දානය කියන්නේ. එතකොට ඒ දීම තමයි මංගල කාරණය.

ධර්මානුකූල ජීවිතයක් ගෙවීම...

ඊළඟට (ධම්මචරියා ච) ධම්මචරියාව කියන්නේ ධර්මයට අනුව ජීවත් වීම. මංගල කාරණාවක්.

(ඤාතකානං ච සංගහෝ) නෑදෑයින්ට සංග්‍රහ කිරීම. කොහොමද නෑදෑයින්ට සංග්‍රහ කරන්නේ? දානය, ප්‍රිය

වචනය, අර්ථචරියාව, සමානාත්මතාව. නෑදෑයින්ට සංග්‍රහ කිරීමත් මංගල කාරණාවක්.

(අනවජ්ජානි කම්මානි) නිවැරදි ක්‍රියාව කිරීම. මොකක්ද ඒ? සීලය. සිල්වත් වීම මංගල කාරණාවක්.

(ආරති විරති පාපා) ඒ කියන්නේ පවින් දුරින්ම දුරුවීම මංගල කාරණයක්.

මත්ද්‍රව්‍ය පාවිච්චි නොකිරීමත් මංගල කාරණයක්...

(මජ්ජපානා ච සඤ්ඤමෝ) මත්පැන්, මත්ද්‍රව්‍ය පාවිච්චි නොකිරීම මංගල කාරණයක්. දැන් බලන්න... මේවා මංගල කාරණා කියලා දන්නෙ නෑනේ. අපේ රටවල්වල මිනිස්සු මඟුල් ගේකට අරක්කු නැත්නම්, මේ වගේ තැනකට නැති අරක්කු මොකටද කියල අහනවා. සමහර ගෙවල්වල තැබෑරුම්වලට යන්නේ නෝනලා... සමහර කාන්තාවෝ පුරුදු වෙලා ඉන්නවා බියර් බොන්න. ඔන්න මංගල කාරණා පටලවාගෙන ඉන්න තාලේ.

මේ විදිහට විනාශ වෙන්න, හොඳ අවස්ථාවල් නැතිවෙන්න හේතුව මොකක්ද? මුල වැරදීම. මොකක්ද මුල? **'අසේවනා ච බාලානං'** කියන මංගල කාරණය නෑ. එතන වැරදිච්ච තැන දිගටම වරදිනවා. මුල හරි ගියොත්, ඒ කියන්නේ පළවෙනි ගාථාවේ කියන එක තිබුණොත්, ඔක්කොම හරියනවා.

අප්‍රමාදීව ධර්මයේ හැසිරෙන්න...

ඊළඟට **(අප්පමාදෝ ච ධම්මේසු)** ධර්මයේ හැසිරීමට ප්‍රමාද නොවීම. ධර්මයේ හැසිරීමට ප්‍රමාද වීමට

බලපාන්නේ අවබෝධයක් නැතිවීමයි. දැන් අපි ගත්තොත් ගොඩක් අය අපිට කියනවා 'වැඩ වැඩියි.... වේලාවක් නෑ...' කියලා. ඒකට හේතුව මොකක්ද? හේතුව සාධාරණයි. එයාට අවබෝධයක් නෑ.

එයා හිතාගෙන ඉන්නේ ධර්මයේ හැසිරෙනවා කියන්නේ පන්සලට ගිහිල්ලා බණ ඇසීමයි. සාමාන්‍ය ජීවිතයේ ධර්මයේ හැසිරෙනවා කියන්නේ ඒකටනේ. නමුත් අකුසල් හටගන්න නොදී සිහියෙන් ඉන්නවා නම් එයා ධර්මයේ හැසිරෙනවා. ඊළඟට උපන් අකුසල් ප්‍රහාණය කරනවා නම්, එයා ධර්මයේ හැසිරෙනවා. එයා පාරේ යන ගමන් බුදු ගුණ සිහි කරනවා නම්, සතර සතිපට්ඨානයේ යෙදෙනවා නම්, එයා ධර්මයේ හැසිරෙනවා.

'අප්පමාදෝ ච ධම්මේසු' කියන්නේ මේ ගෙවෙන මොහොත තුළ ධර්මයේ සිටීමයි. එතකොට එයා ධර්මය තුළ අප්‍රමාදී කෙනෙක්. ඇයි එතෙන්ට එන්න වීරිය තියෙන්න එපැයි. වීරියවන්ත වෙන්න ඕන අප්‍රමාදී වෙන්න නම්.

වැඩිහිටියන් ගරු කරන්න...

ඊළඟට (ගාරවෝ ච) 'ගාරවෝ' කියන්නේ ගෞරව කිරීම. වැඩිහිටියන්, ගුණවතුන්ට, සිල්වතුන්ට... ('පූජා ච පූජනීයානං' කිව්වේ බුදුරජාණන් වහන්සේට, ශ්‍රාවකයන් වහන්සේලාට. 'ගාරවෝ ච' කිව්වේ ගුරුවරු, දෙමව්පියන්ට, වැඩිහිටියන්ට) ගෞරව කිරීම මංගල කාරණයක්.

නිහතමානීව සිටීමත් මංගල කාරණයක්...

(නිවාතෝ ච) 'නිවාත' කියන්නේ හොඳ බසට අවනත බව. අපට හොඳ දේවල් කියනවා නම් කවුරු

හරි 'ආ... ඒක හරි' කියලා අපට නිහතමානීව පිළිගන්න පුළුවන් නම්, ඒක මංගල කාරණයක්. හොඳ බසට අවනත වීම මංගල කාරණයක්.

ජීවිතයට එකතු කරගන්න - ලද දෙයින් සතුටුවීම...

ඊළඟට (සන්තුට්ඨී) හරි වටින දෙයක් ලද දෙයින් සතුටු වීම. ලැබිච්ච දේකින් සතුටු වෙනවා කියන එක අපේ ජීවිතයට ඉතාමත්ම අවශ්‍යයි. දැන් ඔන්න අපට ගොඩාක් රස්නෙයි. අපි හිතුවොත් 'මෙතන එළියේ තරම් රස්නේ නෑනේ...' කියලා ප්‍රශ්නය ඉවරයි. අපි එළියේ රස්නෙ ගැන හිතන්නෙ නැතුව අපි හිතුවොත් 'හරි රස්නෙයි. මේකෙ ඒසී මදිනේ...' කියලා අපි කවදාවත් සෑහීමකට පත්වේවිද? නෑ. මේක රස්නේ නැති තැනක්. මීට වඩා අපහසු තැන් ගැන අපි හිතන්න ඕන. එළිය තරම් මෙතන අමාරුද? නෑනේ... එහෙම හිතුවොත් මොකද වෙන්නේ? අපි නිකම්ම සෑහීමකට පත්වෙනවා. එතකොට ලද දෙයින් සතුටු වීම මංගල කාරණයක්.

කෙළෙහි ගුණ සලකීම ද උතුම් මංගල කරුණකි...

ඊළඟට (කතඤ්ඤුතා) 'කතඤ්ඤුතා' කියන්නේ කෙලෙහි ගුණ දන්නා බව. බුදුරජාණන් වහන්සේ දේශනා කරනවා කියන්නේ කෙලෙහි ගුණ දන්නා බව. බුදුරජාණන් වහන්සේ දේශනා කරනවා "(කතඤ්ඤු කතවේදී පුග්ගලෝ දුල්ලභෝ ලෝකස්මිං) මහණෙනි, කෙලෙහිගුණ දකිනා, කෙලෙහිගුණ සිහිකරනා පුද්ගලයා ලෝකයේ දුර්ලභයි" කියලා.

දැන් බලන්න... අර සාරිපුත්ත මහරහතන් වහන්සේ හැමදාම සැතපෙන්න කලින් අස්සජි මහරහතන් වහන්සේ වැඩසිටින දිශාව බලලා වැඳලා ඒ දිශාවට තමයි සැතපෙන කොට හිස දාන්නේ. අලුත් හාමුදුරුවරු කල්පනා කරනවා 'මොකද මේ දිශාවල් වඳින්නේ' කියලා. මෙයා තාම ඉන්නේ අර බ්‍රාහ්මණ මතවලම වෙන්න ඇති කියලා.

බුදුරජාණන් වහන්සේට ගිහිල්ලා කිව්වා. උන්වහන්සේ සාරිපුත්ත මහරහතන් වහන්සේව කැඳවලා ඇහුවා, "සාරිපුත්තය, ඔබ මේ දිශාවලට වඳිනවා කියලා මේගොල්ලෝ කියන්නේ?" එතකොට සාරිපුත්ත මහරහතන් වහන්සේ කිව්වා, "ස්වාමීනී, මං මේ මොකවත් දන්නෙ නැතුව අතරමං වෙලා හිටිය එක්කෙනෙක්. මං හරි මගක් නොදැන ඇවිද ඇවිද ගිය කෙනෙක්. මට හම්බවුණා කල්‍යාණමිත්‍රයන් වහන්සේ නමක්. ආශ්‍රය කරන්න ලැබුණා... සේවනය කරන්න ලැබුණා... ඒ තමයි අස්සජි මහරහතන් වහන්සේ. උන්වහන්සේ තමයි මට මේ මාර්ගයට එන්න පාර කිව්වේ... උන්වහන්සේගෙන් ධර්මය අහලා තමයි මං මේ මාර්ගයට ආවේ. උන්වහන්සේ තමයි මගේ ලෝකයට පායපු ආලෝකය. ඉතින් උන්වහන්සේ වැඩඉන්න දිශාවටයි මං මේ වන්දනා කරන්නේ" කිව්වා. එතකොට ඒ කෙලෙහි ගුණ දන්නා බව මංගල කාරණාවක්.

'කතඤ්ඤුතා' කියන එක අපට කාටවත් උගන්වන්න බෑ. 'කතඤ්ඤුතා' කියන එක ස්වභාවයෙන්ම එන්න ඕන එකක්. ඒක සත්පුරුෂයෙකුට ස්වභාවයෙන්ම පිහිටනවා.

සත්පුරුෂයාට කෙළෙහි ගුණ පිහිටනවා...

ඔබට මතකද මං කලින් කිව්වේ උත්තර කියන රහතන් වහන්සේ ගැන... මං කලින් කිව්වේ ධාන්‍ය

ගොඩක උපමාව ගැන. අන්න දක්කනේ... අපි වචනයක් හරි බුදුරජාණන් වහන්සේගෙන් ඇහුවා නම්, ඒ වචනය ලැබුණේ කොහෙන්ද කියලා එයාට මතක හිටිනවා. කෙලෙහිගුණ දන්නා කෙනෙකුගේ ලක්ෂණයක්. කවුද ඒ වචන කියලා දුන්නේ කියලා මතක හිටිනවා. කාගෙන්ද ඒක ලැබුණේ කියලා මතක හිටිනවා.

ධර්මය ශ්‍රවණය කරන්න ඕන කොයි වෙලාවට ද?

ඊළඟට (කාලේන ධම්මසවණං) සුදුසු කාලයට ධර්මය ශ්‍රවණය කිරීම. සුදුසු වෙලාව කියන්නේ මොකක්ද? හිත විසිරිච්ච වෙලාව ධර්මය අහන්න සුදුසු වෙලාවයි. දුකක් ඇතිවෙච්ච වෙලාව, ද්වේෂයක් ඇතිවෙච්ච වෙලාව ධර්මය අහන්න සුදුසු වෙලාවයි. හිත කලබල වෙච්ච වෙලාව ධර්මය අහන්න සුදුසු වෙලාවයි. විපතක් සිදුවෙච්ච වෙලාව ධර්මය අහන්න සුදුසු වෙලාවයි.

ඒ වගේම හිත සංසිඳිච්ච වෙලාව ධර්මය අහන්න සුදුසු වෙලාවයි. එහෙම බැලුවොත් හැම වෙලාවකම ධර්මය අහන්න සුදුසුයි. නමුත් අපේ රටේ එහෙම නෙවෙයි කියන්නේ. අපේ රටේ ධර්මය අහන්න කොහොමද තියෙන්න ඕන? ප්‍රශ්න නැති, කලබල නැති අවස්ථාවක් වෙන්න ඕන. කලබල වෙච්ච අවස්ථාවක එයා මොකද කරන්නේ? ඒ කලබලය මත්තේ හැප්පි හැප්පී, වේදනා විඳව විඳවා ඉන්නවා. ධර්මයට යන්නෙ නෑ. එයා හිතන්නේ ධර්මය ශ්‍රවණය කරන්න නම් හිත ශාන්ත වෙච්ච වෙලාවක යන්න ඕන කියලා. නමුත් එයා දන්නෙ නෑ හිත ශාන්ත වීම ඇතිවෙන්නේ ධර්මය තුළින් කියලා.

ධර්මය ස්පර්ශ වෙන්නේ නුවණ තියෙන වෙලාවටයි...

බුදුරජාණන් වහන්සේගේ කාලයේ අපි ගත්තොත් පටාචාරා... එයා ධර්මයට එන කොට සිහිය තිබුණද? සිහිය විකල් වෙලානේ තිබුණේ. මොකද, මේ ධර්මය කියන එක ස්පර්ශ වෙන්නේ නුවණ තියෙන එක්කෙනාටයි.

එතකොට කෙනෙකුට හිත කලබල වෙලා තියෙනවා, ප්‍රශ්න ගොඩක් මැද්දේ ඉන්නවා කියන එක ගැටළුවක් නෙවෙයි. මොකද නුවණ තියෙන කෙනාට හිතේ ප්‍රශ්න මැද්දෙන් මේක අහන කොට ප්‍රශ්න නැතිවෙලා ගිහිල්ලා ධර්මයේ හිත පිහිටනවා. අපි දන්නවා සමහරු ඉන්නවා ජීවිතයේ ගොඩක් ගැටලු තියෙද්දී ඒ ගැටළුවලින් මිදෙන්නේ ධර්මයම අහලා. ධර්මයම සිහිකරලා තමයි ඒ ප්‍රශ්න වලින් ගොඩ එන්නේ.

සමහරු ප්‍රශ්න නැතිවෙනකම් ඉන්නවා ධර්මය අල්ලන්න. එයාට ධර්මය අල්ලන්න හම්බවෙන්නේ නෑ. ඒ මොකද? ධර්මය කියන්නේ ජීවිතයේ ගැටළුවලට තියෙන පිළිතුර. එතකොට '**කාලේන ධම්මසවණං**' කියලා කියන්නේ මංගල කාරණයක්.

මේ විදිහට ධර්මය අහන්න...

බුදුරජාණන් වහන්සේ දේශනා කරනවා, ධර්මය ශ්‍රවණය කිරීමේදී **(අට්ඨීකත්වා, මනසිකත්වා, ඕහිතසෝතෝ ධම්මං සුණාති)** හොඳට සිත යොමුකරගෙන, සවන් යොමුකරගෙන, මම මේකෙ එක බණ පදයක් හරි අවබෝධ කරගන්නවා කියන අදහසින් ධර්මය අහන්න ඕන කියලා.

එහෙම අහගෙන ඉන්න කොට බුදුකෙනෙක් ධර්මය දේශනා කරද්දී ඒ ධර්මයේ හිත පිහිටනවා. ධර්මයේ හිත පිහිටන කොට පංච නීවරණ යටපත් වෙනවා. පංච නීවරණ යටපත් වෙලා, සමාධිය ඇතිවෙනවා. සතර සතිපට්ඨානයේ සිත පිහිටනවා. එහෙනම් ධර්මය අහගෙන ඉන්න කොට වැඩෙන්නේ සතර සතිපට්ඨානය. ඊට පස්සේ සප්ත බොජ්ඣංග වැඩෙනවා. ඒ නිසයි ධර්මය අහගෙන ඉන්න කොට අවබෝධ වෙන්නේ. ඒත් සියල්ලන්ටම නෙවෙයි.

අංගුත්තර නිකායේ එක දේශනාවක් තියෙනවා, ධර්මය අහගෙන ඉන්න කොට සමහර අයගේ නීවරණ යටපත් වෙලා අවබෝධ වෙනවා කියලා. එතකොට ඒකට තමයි කියන්නේ '**කාලේන ධම්මසවණං, ඒතං මංගල මුත්තමං**' කියලා.

ජීවිතය ජයගන්න නම් ඉවසන්න පුරුදුවෙන්න...

ඊළඟ මංගල කාරණය තමයි (**ඛන්ති**) '**ඛන්ති**' කියන්නේ ඉවසීම. (**ඛන්තී පරමං තපෝ තිතික්ඛා**) ඉවසීම තමයි පරම තපස. විශේෂයෙන්ම අපි කවුරුත් පුරුදු වෙන්න ඕන ඉවසීම. මොනවද ඉවසන්න තියෙන්නේ? සීතල ඉවසන්න පුරුදු වෙන්න ඕන. රස්නය ඉවසන්න පුරුදු වෙන්න ඕන. පිපාසය, බඩගින්න ඉවසන්න පුරුදු වෙන්න ඕන. කායික පීඩා ඉවසන්න පුරුදු වෙන්න ඕන. ඊළඟට අනුන් කියන නින්දා අපහාස (**දුරුත්තානං දුරාගතානං වචනපථානං**) ඉවසන්න පුරුදු වෙන්න ඕන. ඒක මංගල කාරණාවක්.

එතකොට අපි ඉවසන්න පුරුදු වීමේ වාසිය තමයි සිහියෙන් ඉන්න පුරුදු වීම. අපි ඉවසන්න පුරුදු වුණේ නැත්නම් අපිට, අපි කවුද කියලා තමන්ගේ වැදගත්කමත් තමන්ට අමතක වෙනවා. තමන් ඉන්න තැන තමන්ට අමතක වෙනවා. ඉස්සරහට කරන්න තියෙන වැඩකටයුතු තමන්ට අමතක වෙනවා. තමන්ට කොච්චර දුර ගමනක් යන්න තියෙනවාද කියන එකත් අමතක වෙනවා. ඒ නිසා අපි ගොඩාක් ඉවසන්න පුරුදු වෙන්න ඕන.

මා හිතනවා වර්තමානයේ පෙරදිග මිනිස්සුන්ට ඉවසීම ගොඩක් අඩුයි කියලා. ලංකාවේ මිනිස්සු අතර විතරක් නොවෙයි, ඉන්දියාවේ මිනිස්සු අතරත් මා දැකලා තියෙනවා ඉක්මනට කෝලාහල, ආරවුල්, අසමගිකම්, රණ්ඩු ඇතිවෙනවා.

බැරිම නම් මේකවත් කරලා බලන්න...

මං ඔබට ඉවසන්න ලේසි එකක් කියන්නද? මොකක් හරි පීඩාවක් හරි ප්‍රශ්නයක් හරි ආපු ගමන් ටෙලිෆෝන් එක රෙදි කෑල්ලකින් ගැටගහන්න. ඇයි ඔබේ ඒ නොඉවසිල්ල වචනවලට හැරිලා ටෙලිෆෝන් එකෙන් පිටවෙනවා. ඊට පස්සේ අනෙත් අයගේ ඔළුවලටත් යනවා. එයාලත් තරහා වෙනවා. ඊට පස්සේ ඊළඟ එක්කෙනාගෙත් ඔළුව නරක් වෙනවා. ඒ නිසා පීඩාවක් ඇතිවුණ ගමන් ලොකු තුවායකින් ටෙලිෆෝන් එක ඔතන්න.

කොච්චර ප්‍රශ්නයක් වුණත් මං මෙතෙන්ට යන්නෙ නෑ කියලා හිතන්න. එතකොට ටිකක් වෙලා යනකොට හිමීට හිමීට ඕක අඩුවෙනවා. 'මං ඉවසන්න ඕන. මං කලබල වෙලා එකපාරටම කතා කරන්න හොඳ නෑ' කියල හිතන්න. එතකොට එයාට අවස්ථාවක් ලැබෙනවා

නිවැරදිව කල්පනා කරලා බලන්න. ඒ අවස්ථාව අපි ගත්තොත් නොඉවසීම ඇතිවෙනවා. ප්‍රශ්න සීයක් ඇතිවෙනවා නම්, ඒ ප්‍රශ්න සීයම ඉවසීමෙන් ඉවරයි. ඒ නිසා ඉවසීම හරිම වටිනවා.

ඉවසීම නැති වෙච්ච වෙලාවට හොඳම වැඩේ තමයි කතා නොකර සිටීම. ඉවසීම නැතිවෙච්ච ගමන් ඉස්සෙල්ලාම ඉස්සරහට පනින්නේ කට. හොඳම වැඩේ කතා නොකර සිටීම.

මොකද මං මේක අත්දකිනවා. මං ඉවසපු නැති කාලෙයි, ඉවසපු කාලෙයි අතර වෙනස මට හොඳට තේරෙනවා. මොකද මගේ ජීවිතයේ මං ඉවසපු නැති වෙලාවක, වචනය හොඳ වුණත් අහගෙන ඉන්න කෙනාට ඒක සැර වචනයක් වෙන්න පුලුවන්. අපි කොච්චර අවංක වුණත් අහගෙන ඉන්න කෙනා සම්පූර්ණයෙන්ම බිඳෙන්න ඒක හේතුවක් වෙන්න පුළුවන්. ඊට පස්සේ අර හොඳ ඔක්කොම අමතක වෙලා අර වචනය අපේ ඔළුවේ රැව්පිළිරැව් දෙනවා. ඉතින් ඒ නිසා ගොඩාක් හොඳයි ඉවසීම.

පිරිසක් එක්ක ඉන්න කොට ඉවසීම වැදගත්...

ඔබ විශේෂයෙන්ම පිරිසක් එක්ක එකට ඉන්න කොට ඉවසීම පුරුදු වෙන්න ඕන. එහෙම නැත්නම් පිරිසක් එක්ක එකට ඉන්න බෑ. සමිතියක් වුණත් අවුරුද්දක් වෙනකොට ඒක කඩලා වෙන එකක් හදනවා. මේකෙ පදනම මොකක්ද? නොඉවසීම.

ඉවසන්න පුරුදුවුණාම අපි සියලු දෙනාම කිසි දවසක බිඳවන්න බෑ. කාටවත් බිඳවන්න බෑ. ඉවසීම කියන එක ගෙවල්වලටත් හරි වැදගත්. පවුල් ජීවිතය

සාර්ථක කරගන්න තියෙන ප්‍රධානම ආශිර්වාදය තමයි ඉවසීම. මොකද, සමහර අය හම්බවෙලා තියෙනවා අම්මලා තාත්තලාගේ ප්‍රශ්න නිසා අම්මලා ඉවසලා ජීවිතය ජයගත්තු අවස්ථා. දරුවන්ටත් හොඳට උගන්නලා, ඒ අම්මත් ධර්මයට ඇවිල්ලා තියෙනවා.

මාත් එක්ක සමහර අම්මලා කියනවා, "අනේ, ස්වාමීන් වහන්ස, දැන් මගේ පුතාලා මෙහෙමයි. දූලා මෙහෙමයි. මං දැන් සැනසිල්ලේ ඉන්නවා. මං මේ පවුල් ජීවිතය නිසා හරියට දුක් වින්දා. මං ඉවසීමෙන් ඒ අභියෝග ඔක්කොම ජයගත්තා" කියලා.

ඉවසීමෙන් ජයගත් මවක්...

මට හොඳට මතකයි එක නෝනා කෙනෙක් (එයාගේ මහත්තයා මං හිතන්නේ විදේශ රටකට ඇවිල්ලා වෙන විවාහයක් වෙලා) මේ නෝනා අඬ අඬා මාස ගාණක් යන කොට, මෙයාට ද්වේෂයක් ඇවිල්ලා හිතිලා තියෙනවා හොයාගෙන ගිහිල්ලා මරාගෙන මැරෙන්න ඕන කියලා. වාසනාවට ධර්මය හම්බ වුණා. **(කාලේන ධම්ම සවණං)** ඊට පස්සේ එයාගේ ද්වේෂය නැතිවුණා.

ඊට පස්සේ අර මහත්තයාට පිළිකාවක් හැදුණා. හැදුණු ගමන් ඒ ගෑණු කෙනාට මෙයා එපා වුණා. ඔන්න එතකොට මේ නෝනව මතක් වෙලා... කෙඳිරි ගාගෙන ගෙදර ආවා. එතකොට මේ නෝනා හොඳට හිත දියුණු කරලා. එන්න කියලා පිළිගත්තා. ඇවිල්ලා මාසයයි, තුනටියෙන් පල්ලෙහාට පණ නැතුව ගියා. දැන් ඇඳේ. මළ මුත්‍රා ඔක්කොම අරන් දාන්නෙත් මේ නෝනා.

පිටරට ගිහිල්ලා මෙයාට සතයක්වත් දීලා නෑ අවුරුදු ගාණකට. අමාරුවෙන් මේ අම්මා දරුවෝ ටික නඩත්තු

කරගෙන හිටියා. මේ අම්මා දැන් ටික ටික කියාදෙනවා 'ජීවිතය කියන්නේ මෙහෙම තමයි. ඔයා කොහොම හරි මේ ධර්මය අවබෝධ කරගන්න බලන්න' කියලා. දැන් මේ මහත්තයා ඇඳට වැටිලා ඉන්නවා.

ඉතින් මට ඇවිල්ලා කිව්වා, "අනේ ස්වාමින් වහන්ස, ඔබවහන්සේට විවේක වෙලාවක් තියෙනවා නම් වඩින්න" කියලා. කිසි දවසක නොයන පාරකින් මට දවසක් ගමන් යෙදුනා. හරියටම සුමානයකින්. (බලන්න... **පුබ්බේ ච කතපුඤ්ඤතා** - පෙර කළ පින් ඇතිබව) ඊට පස්සේ මං ඒ ගෙදර ගියා. ගියාම ඒ මහත්තයා ඇඳේ එහෙම්මම ඉන්නවා. නැගිටගන්න බෑ. අඬන්න පටන් ගත්තා.

අඬ අඬා කිව්වා, "ස්වාමීනී, මේ දිව්‍යාංගනාවක්. මං අඳුනාගත්තෙ නෑ. ස්වාමීනී, මං අවුරුදු හැටක් ඇවිද්දා. මාස හයක් ඔත්පල වෙලා හිටියා. අර අවුරුදු හැටම මට වැඩක් නැහැ. මේ මාස හයේ මං මාර්ගඵල ලබන්න මහන්සි ගන්නවා. මේ දෙවියෝ තමයි මට උගන්වන්නේ..." කියලා කිව්වා. (නෝනට කියන්නේ දෙවියෝ කියලා...)

ඉවසීම මංගල කාරණයක්...

ඒ නෝනා අපේ භාවනා වැඩසටහනට ඇවිල්ලා ඔක්කොම ඉගෙන ගෙන ගිහිල්ලා ආසනේ ඉඳගෙන අරයට කියලා දෙනවා. බලන්න... ඒ ඉවසීම. ඒ නෝනට එදා ඉවසීම නොතිබුණා නම් තමනුත් ධර්මයේ නෑ. තමනුත් වෛර බැඳගෙන, අනිත් එක්කෙනාටත් වෛර බැඳගෙන ධර්මය අවබෝධ කරගන්න තියෙන අවස්ථාවත් හිතෙන් අයින් කරගන්නවා.

ඉවසීම **(ඛන්ති)** කියන්නේ කොච්චර හොඳ මංගල කාරණයක්ද කියලා බලන්න. අපි මේවා පුරුදු වෙන්න

ඕන. පුරුදු නැත්නම් අපි ප්‍රායෝගික බෞද්ධයෝ නොවෙයි. නමට විතරක් බණ අහන අය. එතකොට ඒක නිකං විලාසිතාවක් විතරයි. එහෙම නෙවෙයි වෙන්න ඕන. ඕනම අර්බුදයකදී අපි ඉවසන්න පුරුදු වෙන්න ඕන.

මං එහෙම කියන්නේ ඕගොල්ලන්ට මේක අමාරුයි. ඕගොල්ලෝ ප්‍රායෝගික බෞද්ධයෝ වෙන්න ඕන. ධර්මය ටිකක් ඉගෙන ගත්තා කියලා ප්‍රායෝගිකව බෞද්ධයෙක් වෙන්නේ නෑ...

ප්‍රායෝගිකව පුහුණු වෙන්න ඕන. පුහුණු වෙන්න ඕන කියන්නේ 'හෙට මට ඉවසන්න තියේවි. එතකොට මං ඉවසනවා' එහෙම නෙවෙයි. ඉවසන්න තියෙන වෙලාව අපි දන්නෙ නෑ. කොයි වෙලාවෙද, මොන තැනදිද අපට ඉවසන්න වෙන්නේ කියලා අපි දන්නෙ නෑ. එතකොට අපට පුළුවන් වෙන්න ඕන සතිපට්ඨානයට එන්න. එතකොට අපටම පාලනයකට එන්න පුළුවන්කම ලැබෙනවා.

ඉවසීම නැත්නම් කීකරුකම නැහැ....

ඊළඟ මංගල කාරණය (සෝවචස්සතා) අන්න බලන්න... ඉවසීමත් එක්ක තියෙනවා, කීකරුකම. බලන්න බුදුරජාණන් වහන්සේ මේ වචන තෝරන තාලේ. ගාථාවකට වචනය වචනය එකතු කරන ආකාරය. බුදුරජාණන් වහන්සේගේ ප්‍රඥා මහිමය...

ඉවසීමත් එක්කම එනවා කීකරුකම. ඉවසීම නැත්නම් කීකරුකම එන්නේ නෑ.

ශ්‍රමණවරු බැහැදැකීමත් මංගල කාරණාවක්....

ඊළඟ මංගල කාරණය (සමණානං ච දස්සනං)

අන්න එයා ශ්‍රමණයන් වහන්සේලා දැකීමට සුදුසු කෙනෙක්. එයාට ශ්‍රමණයන් වහන්සේලා දැකලා ප්‍රයෝජනයක් තියෙනවා. එයාට ශ්‍රමණයන් වහන්සේලාගෙන් ධර්මය අහන්න ලැබෙනවා.

ඔන්න අපේ රටේ ගමනක් යන්න ලෑස්ති වෙනවා. හාමුදුරු කෙනෙක් දකිනවා. මේ බෞද්ධයෝ මොකක්ද කියන්නේ? 'අම්මෝ....! ඔන්න දැක්කා මූසල දර්ශනයක්. ගමන කොහෙන් කෙළවර වෙයිද දන්නෙ නෑ' කියනවා. ඇයි ඒ? මංගල කාරණා හැටියට හිතාගෙන ඉන්නේ නැකතනේ. තනිකරම මිත්‍යා දෘෂ්ටිනේ මංගල කාරණා හැටියට හිතාගෙන ඉන්නේ. එතනම වැරදිලා... තිසරණය නෑ...

ශ්‍රමණයන් වහන්සේලා දැකීම මංගල කාරණයක්. ධර්මය අහලා ධර්මය තුළින් ස්වාමීන් වහන්සේ නමක් හඳුනාගෙන ඒ ස්වාමීන් වහන්සේට ගෞරව කරන ආකාරයෙන් අපට තේරෙනවා මිනිස්සු තුළ ශ්‍රද්ධාව තියෙනවා. නැතුව නෙවෙයි.

සුදුසු කාලයට ධර්මය සාකච්ඡා කරන්නත් ඕන...

(කාලේන ධම්මසාකච්ඡා) සුදුසු කාලයට ධර්මය සාකච්ඡා කරනවා. ධර්මය සාකච්ඡා කරන්න හොඳ කාලයක් මරණාසන්න වෙලාව. නමුත් ඒක ගොඩක් අයට ලැබෙන්නේ නෑ. ඇයි හේතුව? ඉස්පිරිතාලවලට ගිහිල්ලා දානවා. මං හිතන්නේ ඉස්පිරිතාලෙට දැම්මාම ඒක ජීවිතයේ අවාසනාවන්ත කාලයක්. කල්පනාව හොඳට තියෙනවා නම්, (වර්තමානයේ පහසුකම් තියෙන නිසා ඉස්පිරිතාලෙත් පාඩුවක් නෑ...) මං නිතරම කියනවා ඔය ඉයර්ෆෝන් එකක්

වගේ පාවිච්චි කරලා ධර්මය හොඳට අහන්න සලස්වන්න කියලා. සමහරු ඉන්නවා අවසාන මොහොත වෙනකල්ම හොඳට ධර්මය අහන අය.

සමහරුන්ට ධර්මයේ ගැටලු ඇතිවුණාම සාකච්ඡා කරන්න ඕන. සීලය දියුණු කිරීම ගැන, භාවනාව දියුණු කිරීම ගැන සාකච්ඡා කරන්න ඕන. මේවා ගැන සාකච්ඡා කරනවා නම් ඒකට කියනවා ධර්ම සාකච්ඡාව කියලා.

ධර්ම සාකච්ඡාව අවබෝධය පිණිසම විය යුතුයි...

සාමාන්‍යයෙන් වර්තමානයේ ලෝකයේ තියෙන 'ධර්ම සාකච්ඡා' වලට මං කැමති නෑ. හේතුව මොකක්ද? විකාර මනස්ගාත ප්‍රශ්න අහනවා. ධර්ම සාකච්ඡා කියන්නේ බුදුරජාණන් වහන්සේ වදාළ ධර්ම කරුණු පැහැදිලි කරගැනීම. පංච උපාදානස්කන්ධය, ආයතන, චතුරාර්ය සත්‍යය, පටිච්චසමුප්පාදය, හේතුඵල දහමට අයිති දේවල් ගැන පැහැදිලි කරගැනීමටයි ධර්ම සාකච්ඡාව කියන්නේ.

මේවා පැහැදිලි වෙන්න, පැහැදිලි වෙන්න හිත ශ්‍රද්ධාවේ පිහිටනවා. රහතන් වහන්සේලා ඉන්න කොට ධර්ම සාකච්ඡා කරලා තියෙනවා. බුද්ධ දේශනා බලන කොට ඒවාගෙන් අපට පැහැදිලි කරගන්න පුළුවන්. **(කාලේන ධම්මසාකච්ඡා, ඒතං මංගල මුත්තමං)**

බ්‍රහ්මචාරී ජීවිතයක් කරා...

ඊළඟට ඔය ඔක්කොම සම්පූර්ණ වෙන කොට ඉතුරු ටික පැවිද්දන්ට අයිති දේවල්. දන් ගිහි ජීවිතය ගත කරලා, දන් දීලා, ධර්මය අහලා, ඉවසලා, කීකරු වෙලා, ධර්ම සාකච්ඡා කරන කොට ජීවිත අවබෝධයක්

තියෙනවා. ඊට පස්සේ පැවිදි වෙනවා. පැවිදි වෙලා සීලාදී ගුණධර්මයන්ගේ හික්මෙනවා. **(බ්‍රහ්මචරිය)** බ්‍රහ්මචාරී ජීවිතයේ හික්මෙනවා.

දැන් ඔබත් අද බ්‍රහ්මචාරියිනේ.... එතකොට මාසයකට වතාවක් ඔබ බ්‍රහ්මචාරීව ඉන්නවා. ගිහි ජීවිතය ගත කරන සමහරු ඉන්නවා ස්වාමි - භාර්යයා දෙන්නම ජීවිතයේ යම්කිසි වයසකට ඇවිල්ලා, දෙන්නම බ්‍රහ්මචාරීව ඉන්නවා. බ්‍රහ්මචාරීව ඉන්න අය මට කොච්චරවත් හම්බවෙලා තියෙනවා. වැඩසටහන්වලට එන අය ඉන්නවා. ඒ විදිහට බ්‍රහ්මචාරීව පුරුදු වෙන අය ඉන්නවා.

චතුරාර්ය සත්‍යාවබෝධය කරා....

(අරියසච්චාන දස්සනං) චතුරාර්ය සත්‍යය දැකීම මංගල කාරණයක්. **(නිබ්බාණසච්ඡිකිරියා ච)** නිවන සාක්ෂාත් කිරීම, අරහත් ඵලය මංගල කාරණයක්.

ඊළඟට රහතන් වහන්සේට අත්දකින්න ලැබෙනවා හොඳ මංගල කාරණයක්. මොකක්ද ඒ? **(ඵුට්ඨස්ස ලෝක ධම්මේහි, චිත්තං යස්ස න කම්පති)**

අටලෝ දහම එනවිට, නොසැලේද යමෙකුගෙ සිත....

මොනවද අටලෝ දහම? ලාභ, අලාභ, අයස, යස, නින්දා, ප්‍රශංසා, දුක, සැප. මේවා එනකොට කෙනෙකුගේ හිත ලාභයට ප්‍රමුදිත වෙනවා. අලාභයට කම්පා වෙනවා. එහෙම නැති, ලාභයටත් කම්පා වෙන්නෙ නැති, අලාභයටත් කම්පා වෙන්නෙ නැති, සැපයටත් කම්පා වෙන්නෙ නැති, දුකටත් කම්පා වෙන්නෙ නැති,

නින්දාවටත් කම්පා වෙන්නෙ නැති, ප්‍රශංසාවටත් කම්පා වෙන්නෙ නැති ආකාරයට හිත පවත්වනවාද,

(අසෝකං විරජං ඛේමං) '**අසෝකං**' කියන්නේ ශෝක රහිත වූ, '**විරජං**' කිව්වේ කෙලෙස් රහිත වූ, '**ඛේමං**' ඛේම කියන්නෙ බිය රහිත තැන. ඒ තමයි නිවන. **(ඒතං මංගල මුත්තමං)** මෙය උතුම් මංගල කාරණයකි. මෙතන මංගල කාරණා තිස් අටක් තියෙනවා.

(ඒතාදිසානි කත්වාන) මේ මංගල කරුණු සම්පූර්ණ කරලා, **(සබ්බත්ථමපරාජිතා)** කිසි තැනක පරාජිත නොවී, **(සබ්බත්ථ සොත්ථිං ගච්ඡන්ති)** සෑම තැනකම යහපත කරා යනවා. **(තං තේසං මංගල මුත්තමං'ති)** ඉතින් ඒ නිසා මේවාට තමයි මංගල කරුණු කියලා කියන්නේ.

මංගල කාරණා සියල්ල මෙලොවටයි...

මේ මංගල කරුණු එකක්වත් තියෙනවාද පරලොවට සම්බන්ධ? නෑනේ... මේ ලෝකෙදි, මේ ජීවිතේදි ඇතිකරග න්න ඕන දේවල් විතරයි. රහතන් වහන්සේට පරලොවක් තියෙනවද? නෑනේ... මේ ජීවිතයේදී සම්පූර්ණයෙන්ම ඔක්කොම ඉවරයි.

මංගල කරුණු ආරම්භ වෙනවා බාලයන් සේවනය නොකිරීමෙන්. අවසන් වෙනවා නිවන ස්පර්ශ කිරීමෙන්. ඔතනින් එහාට ලෝකයේ මංගල කරුණු නැත! මේ මංගල කරුණු සියල්ලම මේ මනුස්ස ජීවිතයේදී අපට ලබාගන්න පුළුවන් දේවල්. දැන් ඔතන තියෙන ගොඩක් මංගල කරුණු අපට ලබාගන්න පුළුවන් දේවල්ද? බැරි දේවල්ද? පුළුවන් දේවල්.

බුදු සසුනක් ඇති කාලවලදී පමණයි...

ඔතන තියෙන මංගල කරුණුවලට අලුතෙන් එකතු කරන්න කියලා අපට කිසි දෙයක් නෑ. බුදුරජාණන් වහන්සේ දේශනා කරනවා නම් යම් මංගල කාරණාවක්, අදත් ඒක තමයි මංගල කාරණය. දැන් අපට මේ මංගල කාරණා ඇතිකරගන්න තියෙන අවස්ථාව අඩුයි. ඒත් බුදු කෙනෙක් ලෝකයට පහළ වෙන කාලෙට මේ මංගල කාරණා ඔක්කොම ලැබෙනවා. ශාසනය පිරිහෙන කොට මංගල කරුණුත් පිරිහෙනවා.

එතකොට මංගල කරුණු ඔක්කොම පහළ කරගන්න පුළුවන් වෙන්නේ බුද්ධ ශාසනයකදී විතරයි. එහෙම නැත්නම් මංගල කරුණු කිසිවක් අපට ලැබෙන්නේ නෑ. ඉතින් ඒ නිසා අපි ඒක හොඳට තේරුම් ගන්න ඕන. තේරුම් අරගෙන මංගල කරුණු ඔක්කොම ඇතිකර ගන්න අපි කල්පනා කරන්න ඕන.

හැමදෙනාටම තුනුරුවනේ ආශිර්වාදයෙන් මංගල කරුණු අපේ ජීවිතයට ඇතිකරගෙන, මේ උතුම් ගෞතම බුද්ධ ශාසනයේදීම බුදුරජාණන් වහන්සේ වදාළ ආර්ය සත්‍යයන් දැකීම, නිවන අවබෝධ කිරීම ආදී උතුම් මංගල කාරණා අවබෝධ කරගන්නට වාසනාව ලැබේවා!

සාදු! සාදු!! සාදු!!!

☸ ☸ ☸

නමෝ තස්ස භගවතෝ අරහතෝ සම්මාසම්බුද්ධස්ස
ඒ භාග්‍යවත් අරහත් සම්මා සම්බුදුරජාණන් වහන්සේට නමස්කාර වේවා!

02.
මහා මංගල සූත්‍රය
(සුත්ත නිපාතය - උරග වර්ගය)

ශ්‍රද්ධාවන්ත පින්වත්නි,

අපේ යුගයේ දෙවි මිනිසුන්ට යහපත් මාර්ගය පෙන්නන්නට පහළ වූ ඒ භාග්‍යවත්, අරහත් සම්මා සම්බුදුරජාණන් වහන්සේ නිසා නුවණැති අය තමන්ගේ ජීවිතවලට විශාල යහපතක් උදා කරගත්තා. බුදුරජාණන් වහන්සේ තමන්ගේ කාර්යභාරය, බුද්ධකෘත්‍ය ඉෂ්ට කළේ ධර්මය තුළින්මයි. ඒකට බුදුරජාණන් වහන්සේගේ මහා කරුණාව, මහා ප්‍රඥාව උපකාරී වුණා.

මේ යහපත උදාවෙන්නේ බුදු සසුනේ දී පමණයි...

බුද්ධ ශාසනය අතුරුදහන් වුණ කාලයේදී මිනිසුන්ට, දෙවියන්ට හරි මාර්ගය කියලා දෙන්න කෙනෙක් නැහැ. බුද්ධ ශාසනය අතුරුදහන් වෙන කාලවලදී හොඳ නරක

තෝරාගන්න විදිහක් නැහැ. එතකොට ලෝකයේ සැප කියලා සලකන්නේ ඉන්ද්‍රියන් පිනවීම විතරයි. බුදු කෙනෙක් පහළ වෙලා සැප කියලා පෙන්වන්නේ සතර අපායෙන් අත්මිදිලා රැකවරණයක් සලසාගෙන සීල, සමාධි, ප්‍රඥා උපදවාගෙන ජීවිතය අවබෝධය තුළින් ලබන දෙයයි. එබඳු දෙයක් අපට අහන්න ලැබෙන්නේ ගෞතම බුද්ධ ශාසනය, එහෙම නැත්නම් බුදු කෙනෙකුගේ ශාසනයක් පැවතුණොත් විතරයි.

අපට උදා වූ වාසනාව...

අපේ වාසනාවට ඒ ගෞතම බුදුරජාණන් වහන්සේ යම් වෘක්ෂයක් සෙවණක ගුරූපදේශ රහිතව චතුරාර්ය සත්‍යය ධර්මය අවබෝධ කළ සේක්ද, ඒ බෝධීන් වහන්සේ අපේ රටේ වැඩසිටිනවා. ඒ බුදුරජාණන් වහන්සේ පිරිනිවන් පෑවායින් පසු ඉතිරි වූ ධාතූන් වහන්සේලා වැඩි ප්‍රමාණයක් වැඩසිටින්නේ අපේ රටේ. ඒ බුදුරජාණන් වහන්සේ දේශනා කොට වදාළ ඒ උතුම් ශ්‍රී සද්ධර්මය ආරක්ෂා වෙලා පිරිසිදුව වැඩසිටින්නේ අපේ රටේ. මේ නිසා ඒ ගෞතම බුදුරජාණන් වහන්සේගේ ශාසනයෙන් පිළිසරණ ලබා ගැනීමේ වාසනාවක් අපට උදාවෙලා තියෙනවා.

අර්බුද මැදින්...

ඉතින් බුදුරජාණන් වහන්සේ ජීවමානව වැඩසිටින කාලෙ ජම්බුද්වීපයේ විවිධාකාර අර්බුද, ප්‍රශ්න, දුක්ඛිත තත්වයන් පැන නැංගා. බුදුරජාණන් වහන්සේ නිරන්තරයෙන්ම චාරිකාවේ වැඩිය ප්‍රදේශ කිහිපයක් තියෙනවා. එකක් තමයි මගධ රාජ්‍යය. අනික තමයි අංග කියන රාජ්‍යය. මගධ රාජ්‍යයට පහළින් තියෙන්නේ කෝසල රාජ්‍යයයි.

තුන් බිය ....

මේ වගේ චාරිකාවේ වඩින අතර මගධ රාජ්‍යයත්, කෝසල රාජ්‍යයත් අතර පාර ලිච්ඡවි රාජ්‍ය හරහා වැටිලා තිබුණා. කුමක්දෝ අවාසනාවකට ලිච්ඡවීන්ට විශාල කරදරවලට මුහුණදෙන්න සිදුවුණා. දුර්භික්ෂයක් ආවා. දුර්භික්ෂය ආවාට පස්සේ ආහාර පාන ආදිය හිඟ වෙලා ගියා. ඒ අතරම බෝවෙන රෝග ඇතිවුණා. එතකොට මිනිසුන් මරණයට පත්වුණා. මේ දිගින් දිගටම මරණයට පත්වෙන කොට මේවාට අමනුෂ්‍ය බැල්ම වැටුණා. එතකොට දුර්භික්ෂ බිය, රෝග බිය, අමනුෂ්‍ය බිය කියන ත්‍රිවිධ භයකින් මේ ලිච්ඡවී රාජ්‍ය විඳවන්න පටන්ගත්තා.

මිනිස්සු ඒ කාලයේ තිබුණ යාගහෝම, පුද-පූජා, යාදිනි සෑම දෙයක්ම කළා. විසඳුමක් නෑ. අන්තිමට නුවණ ඇති අය කිව්වා "මේ එකක්වත් කරලා හරියන්නෙ නෑ. අපේ මේ ජම්බුද්වීපයේ පහළ වී වැඩසිටිනවා ඒ භාග්‍යවත්, අරහත් සම්මා සම්බුදුරජාණන් වහන්සේ. උන්වහන්සේ වඩම්මවා ගන්න" කියලා.

ලිච්ඡවී රජ දරුවන් මගධ රාජ්‍යයට ගිහින් බුදුරජාණන් වහන්සේට ආරාධනා කළා "අනේ... භාග්‍යවත් බුදුරජාණන් වහන්ස, අපගේ රාජ්‍යය මෙවැනි අන්තරායකට පත්වෙලා තියෙනවා. මේකෙන් අපිව බේරග න්න පුළුවන් භාග්‍යවතුන් වහන්සේට විතරයි. අපි කෙරෙහි අනුකම්පාවෙන් වඩින්න" කියලා.

මහාමේඝයක් වී...

බුදුරජාණන් වහන්සේ, අනඳ මහතෙරුන් වහන්සේ ප්‍රධාන මහා සංඝරත්නය පෙරටු කරගෙන ලිච්ඡවී

රාජධානියට වඩින්න පිටත් වෙද්දී කාලයක් නොවැස්ස ලිච්ඡවී රාජධානියේ ආකාසය වැහි වළාකුළුවලින් පිරී ගියා. උන්වහන්සේ වඩින්න පිටත් වෙන කොට, 'හෝ...' ගාලා වහින්න පටන් ගත්තා. අර ජාරාව, මළකුණු ඔක්කෝම සේදිලා ගඟට ගියා. බුදුරජාණන් වහන්සේ වඩින කොට අර මනුස්ස ජීවිතවලට අරක්ගෙන, මිනිසුන්ව පෙළ පෙළා හිටපු නීච බලවේග, පහත් අමනුස්ස බලවේග සියල්ල මිනිසුන්ව අත්හැරලා දිව්වා. ඒ හේතුවෙන් මිනිස්සු ඉක්මනට සුවපත් වෙන්න පටන් ගත්තා.

බුදුරජාණන් වහන්සේ වැඩම කරලා ආනන්ද ස්වාමීන් වහන්සේට කිව්වා පාත්තරේට පැන් එකක් අරගෙන එන්න කියලා. ඊට පස්සේ බුදුරජාණන් වහන්සේ රතන සූත්‍ර දේශනාව දේශනා කළා. ඉන් පස්සේ ආනන්ද ස්වාමීන් වහන්සේ ඒ රතන සූත්‍ර දේශනාව සජ්ඣායනා කර කර ලිච්ඡවී ජනපදය පුරාම පැන් ඉස්සා. ආයෙමත් අර පැරණි සමෘද්ධිය උදාවුණා. අද මේ පින්වතුන් අහන්නේ අන්න ඒ රතන සූත්‍රයයි.

අහසෙහි හෝ පොළොවෙහි හෝ...

රතන සූත්‍ර දේශනාවේ පළමුවෙනි ගාථාවෙන් කියන්නේ (**යානීධ භූතානි සමාගතානී, භුම්මානි වා යානි ව අන්තලික්ඛෙ**) අන්තරීක්ෂය කියන්නේ ආකාසය. භුම්මානි කියන්නේ පොළොවවාසී. එතකොට මෙතැන අදහස් කරන්නේ 'ආකාසයේ සිටින, පොළොවේ සිටින භූත පිරිස් යම්කිසි ප්‍රමාණයක් මෙතැන රැස්වෙලා ඉන්නවා නම්' කියන එකයි. මෙතැන අදහස් කරන්නේ අර මිනිසුන්ව ආක්‍රමණය කරගෙන, අල්ලගෙන හිටපු අය නෙවෙයි. ඇයි ඒ අය ඔක්කෝම මිනිසුන්ව දාලා දිව්වනේ...

කේවඩ්ඪ සූත්‍රයේ තියෙනවා බුදුරජාණන් වහන්සේ යම්කිසි ගමකට වඩිනවා නම් ඒ ගම් ප්‍රදේශයේ හත් ගව්වක අමනුෂ්‍යයෙක් ඉන්නේ නෑ, මිනිසුන්ව දාලා යනවා කියලා. එතකොට මිනිසුන් අමනුෂ්‍ය ග්‍රහණයෙන් බේරී වාසය කරන්නේ කොයි කාලෙද එහෙනම්...? බුද්ධ කාලයක විතරයි. ශාසනය අතුරුදහන් වුණාට පස්සේ ආයෙමත් අර පිරිස ඇවිදිල්ලා මිනිසුන්ගේ ලෝකය වහගන්නවා. දැන් ඒ වගේ ආයෙමත් මිනිසුන්ගේ ලෝකය වහගන්නවා. එතකොට ඒ ලෝකයෙන් මිනිසුන්ට ගැලවීම ලේසි නෑ.

ඉතින් බුදුරජාණන් වහන්සේ දේශනා කරනවා, යම්කිසි භූත පිරිස් කියලා එතැන කියන්නේ බුදුරජාණන් වහන්සේ වැඩියාට පස්සේ දෙවියන්, භූමාටු දෙවියන්, අහසේ සිටින දෙවියන්... මේ දෙවිවරු ඔක්කෝම බුදුරජාණන් වහන්සේව පිරිවරා ගන්නවා. මේ දෙවිවරුන්ට කියනවා, "භූත පිරිස් කිසිවෙකු මෙහි සිටිත්ද රැස්වුණ, අහසේ හෝ පොළොවේ හෝ ඒ හැම එක්වුන" මේ අහසේ හෝ පොළොවේ හෝ භූත පිරිස් ඉන්නවා නම් ඒගොල්ලන්ටයි මේ කියන්නේ.

සියලු සත්වයෝ සුවපත් වෙත්වා!

(සබ්බේව භූතා සුමනා භවන්තු) දැන් 'දුමන' කියන්නේ නරක හිත, දුකට පත්වෙච්ච හිත, වේදනාවට පත්වෙච්ච හිත. 'සුමන' කියන්නේ ප්‍රීතියට පත්වෙච්ච හිත, සතුටට පත්වෙච්ච හිත. "මේ සියලු භූතයෝ සතුටු සිත් ඇත්තෝ වෙත්වා! සියලු භූතයෝ සැප ඇති සිත් ඇතිවෙත්වා! (**අථෝපි**) ඒ වගේම, (**සක්කච්ච**) මනා කොට (**සුණන්තු භාසිතං**) මා කියන දේ අසත්වා! එමෙන්ම මා පවසන දේ හොඳින් අසත්වා!"

සියලු භූතයනි එනිසා අසව් යොමා සිත...

ඊට පස්සේ බුදුරජාණන් වහන්සේ ඊළඟ ගාථාව දේශනා කරනවා. (**තස්මා හි**) '**තස්මා හි**' කියන්නේ ඒ නිසා. (**තස්මා හි භූතා නිසාමේථ සබ්බේ**) ඒ නිසා මේ සියලු භූතයිනි.... භූතයිනි කියලා එතැන කියන්නේ ඒ අහසේ, පොළොවේ රැස්වෙච්ච සියලු දෙවියන්ට, බ්‍රහ්මයන්ට කියන වචනයක්.

දැන් ඔබ දන්නවා ඇති මේ ඉපදිච්ච සත්වයාට කියන වචනයක් 'භූත' කියලා කියන්නේ. අපි භූත කියලා කියන්නේ හොල්මන්වලට, ඔය මැරිලා නරක තැන්වල ඉන්න අයට. එතකොට භූත කිව්වහම අපට මතක් වෙන්නේ කාවද...? හොල්මන්. මේ හොල්මන්වලට අඬගහලා කියනවා නෙවෙයි. දෙවිවරුන්ටයි මේ කියන්නේ "සියලු භූතයනි එනිසා අසව් යොමා සිත" කියලා.

අහක බලන්න එපා...

ඊළඟට (**මෙත්තං කරෝථ මානුසියා පජාය**) මනුස්ස ප්‍රජාවට මෙත් සිත වඩන්න. "මෙත් සිත පතුරව් නිතරම හැම මිනිසුන් වෙත" දැන් මේක පරිවර්තනය නොකරන්න ඔයගොල්ලන්ට දැනගන්න විදිහක් නෑනේ නේද...? (**දිවා ච රත්තෝ ච හරන්ති යේ බලිං, තස්මා හි නේ රක්ඛථ අප්පමත්තා**) ඒ මිනිසුන්ට මෛත්‍රිය වඩන්න කියනවා. එතැන අදහස් කළේ මොකක්ද? මේ මිනිසුන්ට අමනුස්සයින්ගෙන් කරදර වෙද්දී, පීඩාවට පත්වෙද්දී අහක බලන්න එපා... දෙවිවරුන්ටයි මේ කියන්නේ.... "මිනිසුන්ව පීඩාවට පත්වෙලා, කරදරයට පත්වෙලා ඉන්න වෙලාවට අහක බලාගෙන ඉන්න එපා! මිනිසුන්ගෙන් පුද පූජා

ලැබෙන එක විතරක් බලාගෙන ඉන්න එපා! මිනිසුන්ට මෛත්‍රිය වඩන්න"

මොකද හේතුව? (**දිවා ච රත්තෝ ච හරන්තියේ බලිං**) දිවා රාත්‍රී ඔබට පුද පූජා පවත්වනවා. ඔබට පින්පෙත් දෙනවා. සැලකිලි සම්මාන පවත්වනවා. ස්තුති ප්‍රශංසා කරනවා. ඉතින් එහෙම කරන කොට, ඔබ කරන්න ඕන මිනිසුන්ට මෙත් සිත වඩන එකයි. මේ වගේ කරදර වෙච්ච වෙලාවක ඒ මිනිසුන්ව මග හැරලා යන්න එපා! (**තස්මාහිනේ රක්ඛථ අප්පමත්තා**) ඒ නිසා අප්‍රමාදීව ඒ මිනිසුන්ව ආරක්ෂා කරන්න කියලා බුදුරජාණන් වහන්සේ මේ දෙවිවරුන්ට පවසනවා.

"ඒ කිසිවෙක් තොප හට පින් දිව රෑ පුද දෙත, පමා නොවී තෙපි ඒ හැම නිති සුරැකිය යුත" කියලා බුදුරජාණන් වහන්සේ තමයි අර දෙවියන්, බඹුන්ට කියන්නේ.

ධර්මය තුළින් මතු වූ මෙත් සිත...

ඊට පස්සේ එතැන ඉඳලා තියෙන්නේ බුදුරජාණන් වහන්සේගේ මෛත්‍රිය. බුදුරජාණන් වහන්සේ මෛත්‍රිය පටන්ගන්නේ තනිකරම ධර්මයෙන්. කොහොමද ඒ? (**යං කිඤ්චි විත්තං ඉධ වා හුරං වා**) '**විත්තං**' කියලා කියන්නේ සම්පත්ති, ධනය, වස්තුව. (**යං කිඤ්චි විත්තං**) යම්කිසි ධනයක්, වස්තුවක්, සම්පතක්. (**ඉධ වා**) මෙලොව හෝ (**හුරං වා**) පරලොව හෝ යම්කිසි වස්තුවක් ඇද්ද,

දැන් අපි ගත්තොත් පරලොව කිව්වාට පස්සේ අපි අහලා තියෙනවා චින්තා මාණික්‍ය කියන ඒවා දේව කථාවල තියෙනවනේ... භද්‍ර ඝඨය, කප්රුක... එක එක ඒවා අපි අහලා තියෙනවානේ. එතකොට අපි මිනිස් ලෝකෙ අහලා තියෙනවා මැණික් වර්ග, මුතු වර්ග, රන්, ධන

ධාන්‍ය ඇද්ද, (**සග්ගේසු වා යං රතනං පණීතං**) ස්වර්ගයෙහි '**සග්ගේසු වා යං**' කියන්නේ දෙව්ලොව පවා තියෙනවා නම් යම් (**රතනං පණීතං**) උතුම්, ප්‍රණීත කියන්නේ ශ්‍රේෂ්ඨ, උතුම් මැණිකක්. (**න නෝ සමං අත්ථි තථාගතේන**) ඒ කිසිවක් තථාගතයන් වහන්සේ නැමැති මාණික්‍යයට සමාන නෑ. තථාගතයන් වහන්සේ නැමැති උතුම් මනුෂ්‍ය රත්නයට සමාන කරන්න පුළුවන් වස්තුවක්, මාණික්‍යයක් මෙලොවත් නෑ, පරලොවත් නෑ, දිව්‍ය ලෝකවලත් නෑ. (**ඉදම්පි බුද්ධේ රතනං පණීතං**) බුදුරජාණන් වහන්සේ තුළ තියෙන ශ්‍රේෂ්ඨ මාණික්‍යයක් ඒ. (**ඒතේන සච්චේන සුවත්ථි හෝතු**) මේ සත්‍යානුභාවයෙන් සෙත් වේවා...!

නොහැකිය ගන්නට කිසිවිට බුදුරජ සමකොට...

එතකොට බලන්න මේ මෛත්‍රිය ගැනයි කියන්නේ. බුදුරජාණන් වහන්සේ තමයි මේ මෛත්‍රිය දේශනා කරන්නේ.... "මෙහි හෝ පරලොව ඇති යම් වස්තුවකට, දෙව්ලොව හෝ තිබෙනා යම් උතුම්ම මැණිකට, නොහැකිය ගන්නට කිසිවිට බුදුරජ සම කොට, මෙය බුදු සමිඳුගෙ පවතින උතුම්ම මැණිකකි, සැබෑ බසින් මෙම සෙත සැලසේවා!" දැන් බලන්න මේ පරිවර්තන කොච්චර හරිද කියලා... පාළි භාෂාව දන්න කෙනා නියම විදිහට දන්නවා මේ මොකක්ද කියලා. පාළි භාෂාව දන්නේ නැති කෙනාට තේරෙන්නෙ නැතිවෙන්න පුළුවනි.

පළමුවෙනි ගාථාවෙන් දේශනා කෙරුවේ කා ගැනද...? බුදුරජාණන් වහන්සේ ගැන. ඊළඟට බුදුරජාණන් වහන්සේ දේශනා කරනවා දෙවැනි ගාථාව. (**ඛයං විරාගං අමතං පණීතං**) '**ඛයං**' කිව්වේ (**රාගක්ඛයෝ, දෝසක්ඛයෝ, මෝහක්ඛයෝ**) මොනවද ක්ෂය වෙන්නේ...? කෙලෙස්

ක්ෂය කරන්නා වූ, **(විරාගං)** විරාග වූ, **(අමතං)** අමෘත වූ, **(පණීතං)** ප්‍රණීත වූ, **(යදජ්ඣගා - යං+අජ්ඣගා)** **'අජ්ඣගා'** කිව්වේ අවබෝධ කරන, සාක්ෂාත් කරන. **(සක්‍යමුනි සමාහිතෝ)** සමාහිත සිත් ඇති, එකඟ සිත් ඇති, සමාධිමත් සිත් ඇති ශාක්‍ය මුනීන්ද්‍රයන් වහන්සේට.

සොඳුරු දහමක අසිරිය...

(යං-අජ්ඣගා) එතකොට 'යං' කියන එකට තමයි අර ටික අයිති... **'ඛයං, විරාගං, අමතං, පණීතං.'** 'යං' කිව්වේ යම් දෙයක්. මොනවද ඒ? **(ඛයං)** කෙලෙස් ක්ෂය කරන ලද්දා වූ, විරාගී වූ, ප්‍රණීත වූ, අමා නිවන නම් යම් දෙයක් සමාහිත සිත් ඇති ශාක්‍ය මුනීන්ද්‍රයන් වහන්සේ අවබෝධ කළ සේක්ද, ඒක තමයි මම හැරෙව්වේ "කෙලෙස් නසන වීතරාගි අමා නිවන යුතු, යම් දහමක් ලැබුයේ නම් මුනිඳු සමාහිත" කියලා.

(න තේන ධම්මේන සමත්ථි කිඤ්චි) ඒ අමා මහ නිවනට සම කළ හැකි කිසිවක් ලොව නැත. **(ඉදම්පි ධම්මේ රතනං පණීතං)** මේක තමයි බුදුරජාණන් වහන්සේගේ ධර්මයේ තියෙන ශ්‍රේෂ්ඨ, උතුම්ම මැණික. මොකක්ද ඒ? කෙලෙසුන් ක්ෂය කරන්නා වූ, විරාගී වූ, ප්‍රණීත වූ අමා මහ නිවන. බුදුරජාණන් වහන්සේ නිවන අවබෝධ කොට, සාක්ෂාත් කළ සේක්ද, එයට සමාන වූ දෙයක් ලොව නැත. මෙය තමයි ධර්මයේ තියෙන ප්‍රණීත භාවය. මෙය සදහම් තුළ පවතින උතුම්ම මැණිකකි. **(ඒතේන සච්චේන සුවත්ථි හෝතු)** සැබෑ බසින් මෙම සෙත සැලසේවා!

ඊළඟට බුදුරජාණන් වහන්සේගේ ඊළඟ ගාථාවත් ධර්මයට ප්‍රශංසා කරන ගාථාවක්. බලන්න.... මේ සත්‍යයනේ කියන්නේ... මේ ඔක්කෝම සත්‍යය. එතකොට

මේ සත්‍ය ප්‍රකාශ කරලා බුදුරජාණන් වහන්සේ මෙත් සිත පතුරනවා. කොහොමද මෙත් සිත පතුරන්නේ? (සුවත්ථි හෝතු) සෙත සැලසේවා කියලා මෙත් සිත පතුරනවා.

(යං බුද්ධසෙට්ඨො පරිවණ්ණයී සුචිං) 'සුචිං' කියන්නේ පිරිසිදු. 'අසුචි' කියන්නේ අපිරිසිදු. අන්න දැක්කනේ වචනේ තේරුම. දැන් මෙතන කියන්නේ (සුචිං) පාරිශුද්ධ, පිරිසිදු. (බුද්ධසෙට්ඨො) බුද්ධ ශ්‍රේෂ්ඨයන් වහන්සේ යමක් පිරිසිදුයි කියලා, හොඳයි කියලා, යහපත් කියලා, (පරිවණ්ණයී) මනා කොට වර්ණනා කළ සේක්ද, මොකක්ද ඒ වර්ණනා කළේ? 'හොඳයි' කියලා කියපු දේ.

ආනන්තරික සමාධිය...

ඔන්න ඊළඟ පදයේ තියෙනවා. (සමාධිමානන්තරිකඤ්ඤමාහු) 'සමාධිං + ආනන්තරිකං + අඤ්ඤමාහු' එහෙමයි වචනේ තියෙන්නේ. ආනන්තරික සමාධිය කියලා කියන්නේ අරහත් ඵල සමාධියට. ආනන්තරික කර්මය කියලා කියන්නේ.... පංච ආනන්තරික කර්ම කියලා කියනවා නේද? මොකක්ද පංච ආනන්තරික කර්ම? අතරක් නෑ.... මිනිස් ලෝකෙන් එයා චුත වෙන කොටම අතරක් නැතිව නිරයේ උපදිනවා. එතකොට මිනිස් ලෝකෙන් චුත වෙන කොට අතරක් නැතිව ගිහින් නිරයේ උපදින කොට ඒකට කියනවා ආනන්තරික කර්ම.

ආනන්තරික සමාධිය කියලා කියන්නේ අරහත් ඵලයට. ඇයි අරහත් ඵලයට ආනන්තරික සමාධිය කියලා කියන්නේ? භවයේ අතරක නොරඳා මෙයාව නිවනට පමුණුවන නිසා ආනන්තරික සමාධිය කියලා කියනවා. එතකොට ආනන්තරික සමාධිය කියලා කියන්නේ අරහත් ඵලයටමයි, වෙන කිසිම දෙයකට නොවෙයි. බුද්ධ

දේශනාවල තියෙනවා "මහණෙනි, ආනන්තරිකව මේ ඵලය ලබාගන්න මං ඔබට දේශනා කරන්නම්" කියලා. ඒ කියන්නේ අතරක කොහේවත් නොරඳා අරහත් ඵලය ලබාගන්න පුළුවන්කම. ඒකටයි ආනන්තරික සමාධිය කියලා කියන්නේ.

කිසි භවයක රැඳෙන්නෙ නැහැ...

(යං බුද්ධසෙට්ඨෝ පරිවණ්ණයී සුචිං) 'බුදු සමිඳුන් අගය කළේ හොඳ යැයි යමකට.' අන්න මම පරිවර්තනය කළා 'සමාධියයි එය අතරක නොරැඳෙන කිසිවිට' කියලා. එතකොට භවයේ කොහේවත් නොරැඳී නිවන කරා යන්න අරහත්ඵල සමාපත්තියට පැමිණුන කෙනාට පුළුවන්කම තියෙනවා. දැන් අපි ගනිමු රූප, අරූප සමාධි. ප්‍රථම ධ්‍යානය, දෙවන ධ්‍යානය, තෙවන ධ්‍යානය, හතරවෙනි ධ්‍යානය, ආකාසානඤ්චායතනය, විඤ්ඤාණඤ්චායතනය, නේවසඤ්ඤානාසඤ්ඤායතනය ඒ හැම එකක්ම භවයේ රැඳෙනවා නේද? ඇයි මේ ලෝක වලින් චුත වෙන කෙනා ඒ ලෝකවල ගිහිල්ලා උපදින්න පුළුවන්. නමුත් මේ අරහත් ඵලය භවයේ නොරැඳෙන එකක්.

(සමාධිමානන්තරිකඤ්ඤමාහු) ආනන්තරික සමාධිය යැයි කියනවාද, **(සමාධිනා තේන සමෝ න විජ්ජති)** 'ගත නොහැකිය කිසිවක් ඒ සමවත සමකොට' ඒ ආනන්තරික සමාධිය හා සමාන කරලා ගන්න පුළුවන් කිසිම සමාධියක් ලෝකයේ නැත. **(ඉදම්පි ධම්මේ රතනං පණීතං)** මේ ධර්මයේ තියෙන ප්‍රණීත භාවය කියන්නේ සෝවාන් ඵලය නෙමෙයි, සකදාගාමී ඵලය නෙමෙයි, අනාගාමී ඵලය නෙමෙයි, අරහත් ඵලයයි. මෙය සමාන කරන්න පුළුවන් කිසිම දෙයක් ලෝකයේ නෑ. මෙය සෝවාන් ඵලයට

හෝ අනෙකුත් ඵලවලට කියන කතාවක් නොවෙයි. මේ කියන්නේ අරහත් ඵලයටමයි. **(ඉදම්පි ධම්මේ රතනං පණීතං)** මෙය ධර්මයේ ඇති ප්‍රණීත භාවයයි. ප්‍රණීත රත්නයක් කියනවා ධර්ම තුළ තියෙන.

එතකොට බුදුරජාණන් වහන්සේගේ ධර්මය තුළ තමයි කෙලෙස් නසන, වීතරාගී අමා නිවන තියෙන්නේ. බුදුරජාණන් වහන්සේගේ ධර්මයේ තමයි අරහත් ඵලය තියෙන්නේ. මේ ලෝකයේ වෙන කිසිම ධර්මයක නෑ. ඒ නිසා ලොව කිසිවක් සමාන කළ නොහැකියි. 'මෙය සදහම් තුළ පවතින උතුම්ම මැණිකකි. සැබෑ බසින් මෙම සෙත සැලසේවා!' බුදුරජාණන් වහන්සේ මෙත් සිත පතුරනවා මෙය සත්‍යයයි, **(ඒතේන සච්චේන සුවත්ථි හෝතු)** මේ සත්‍යානුභාවයෙන් සුවපත් වේවා කියලා. බලන්න බුදුකෙනෙකුගේ මෙත් සිත කොච්චර ලස්සනද?

ශ්‍රාවක සඟරුවනේ ආනුභාවය...

ඊට පස්සේ තමයි පිළිවෙලින් ශ්‍රාවකත්වය ගැන බුදුරජාණන් වහන්සේ දේශනා කරන්නේ. **(යේ පුග්ගලා අට්ඨ සතං පසත්ථා)** පුග්ගලයෝ අට දෙනෙක් ඉන්නවා. **(සතං පසත්ථා)** සත්පුරුෂයන්ගේ ප්‍රශංසාවට බඳුන් වූ. **'සතං'** කියලා කිව්වේ සත්පුරුෂයාගේ ප්‍රශංසාවට බඳුන් වූ පුද්ගලයන් අට දෙනෙක් ඉන්නවා. කවුද ඒ පුද්ගලයන් අට දෙනා? සෝවාන් මාර්ගස්ථ-ඵලස්ථ, සකදාගාමී මාර්ග ස්ථ-ඵලස්ථ, අනාගාමී මාර්ගස්ථ-ඵලස්ථ, අර්හත් මාර්ග ස්ථ-ඵලස්ථ. මාර්ගස්ථ කියන්නේ මාර්ගයේ සිටින. ඵලස්ථ කියන්නේ ඵලයට පත් වූ. එතකොට මේ මාර්ගස්ථ-ඵලස්ථ පුද්ගලයන් අටදෙනා තමයි බුදුරජාණන් වහන්සේගේ සැබෑම ශ්‍රාවකයෝ.

(චත්තාරි ඒතානි යුගානි හොන්ති) මේ ශ්‍රාවකයන් අට දෙනා යුගල වශයෙන් හතරයි. සෝවාන් මාර්ගඵල එක යුගලයක්. සකදාගාමී මාර්ගඵල දෙවැනි යුගලය. අනාගාමී මාර්ගඵල තුන්වෙනි යුගලය. අර්හත් මාර්ගඵල හතරවෙනි යුගලය. **(තේ දක්ඛිණෙය්‍යා)** මතකද 'දක්ඛිණෙය්‍යෝ' කියන වචනය? 'දක්ඛිණෙය්‍යෝ' කියන්නේ මොකක්ද? පිං සලකා දීම හොඳය.

දන් දුන්නොත් පින් රැස්වෙයි...

එතකොට කෙනෙකුට ඕන නම් මියගිය ඤාතීන්ට පිං දෙන්න, මිය පරලොව ගිය ඇත්තන්ට සැප උදා කරලා දෙන්න, තමන්ගේ ජීවිතයට සැප ලබාගන්න පුණ්‍යස්කන්ධය අයිති කරගන්න, එහෙම නම් ඒ කෙනා දන් දෙන්න ඕන මේ කියන මාර්ගස්ථ-ඵලස්ථ ආර්ය සංඝයා උදෙසා. උන්වහන්සේලා කවුද? **(තේ දක්ඛිණෙය්‍යා)** දක්ෂිණාර්හයි. පිං සලකා දානය පිළිගන්න සුදුසුයි. කවුද ඒ? **(සුගතස්ස සාවකා)** සුගතයන් වහන්සේගේ ශ්‍රාවකයෝ. **(ඒතේසු දින්නානි මහප්ඵලානි)** මේ ශ්‍රාවකයන් කෙරෙහි පුදන දානය මහත් ඵලයි.

'පුද්ගලයෝ අට දෙනෙක්ය හොඳ අය පසසන. හතර දෙනෙකි මේ උතුමන් යුගල විලස ගෙන, මේ අය බුදු සව්වෝ වෙති දනට සුදුසු වන, මහත්ඵලය ලැබදෙයි මෙතුමන්ට පුදන දන' දැක්කනේ.... මේ පරිවර්තනය. **(ඉදම්පි සංඝේ රතනං පණීතං)** 'මෙය බුදු පිරිසෙහි පවතින උතුම්ම මැණිකකි' **(සුගතස්ස ශ්‍රාවකා)** සුගතයන් වහන්සේගේ ශ්‍රවක පිරිස තමයි බුදු පිරිස. එතන මම බුදු පිරිස කියලා අදහස් කළේ බුදුරජාණන් වහන්සේගේ ශ්‍රාවක පිරිස. එතකොට බුදු පිරිස කියපුවාම මෙතන

අර්ථවක් වන්නේ කවුද? මාර්ගඵල-ලාභී ආර්ය ශ්‍රාවකයන් වහන්සේලා.

'මෙය බුදු පිරිසෙහි පවතින උතුම්ම මැණිකකි' මොකක්ද බුදු පිරිසෙහි පවතින උතුම්ම මැණික? ඒ මාර්ගඵල-ලාභී ශ්‍රාවකයන් වීම. එතකොට ඒ මාර්ගඵල-ලාභී ශ්‍රාවකයන් දක්ෂිණාවට සුදුසුයි, දන් පැන්වලට සුදුසුයි. ඒ ශ්‍රාවකයන්ට පුදන ලද දානය මහත්ඵලයි.

ඉහළම පින රැස්වෙන්නේ සංඝයාට දන් දීමෙන්...

ඔබට මතක ඇති බුදුරජාණන් වහන්සේ ප්‍රජාපතී ගෞතමිය විසින් සිවුරක් මසාගෙන ආපු වෙලාවේ 'භාග්‍යවතුන් වහන්සේටම පූජා කරන්න මම මේ මගේ අතින් නූල් කැටලා, වියලා, මහගෙන, පඬු ගහලා මේ සිවුර ගෙනාවේ.... මා කෙරෙහි අනුකම්පාවෙන් පිළිගන්නා සේක්වා!' කියද්දී බුදුරජාණන් වහන්සේ උදෙසාවත් පුද්ගලික පූජාවක් ගන්න උන්වහන්සේ කැමති වුණේ නෑ. බුදුරජාණන් වහන්සේ වදාළේ මොකක්ද? "**(සංඝං දේහි ගෝතමී)** ගෞතමිය, සංඝයාට දෙන්න. සංඝයාට දුන්නහම මටත් පිදුවා වෙනවා" එතකොට මේ සංඝයා කියලා අපි මේ සලකන්නේ බුදුරජාණන් වහන්සේගේ පවා ප්‍රශංසාවට බඳුන් වූ සුගතයන් වහන්සේගේ ශ්‍රාවක පිරිස.

(ඒතේන සච්චේන සුවත්ථි හෝති) බුදුරජාණන් වහන්සේ වදාරනවා "මේ සත්‍යානුභාවයෙන් සුවපත් වේවා!" එතකොට මේ මෙත් සිත පතුරුවන්නේ කවුද? බුදුරජාණන් වහන්සේයි. උන්වහන්සේ පතුරුවන මෙත් සිතයි මේ තියෙන්නේ. ඇයි දෙවිවරුන්ට ඉස්සරවෙලාම කිව්වනේ "මිනිස්සු ඔබලාට පුද පූජා පවත්වනවා. ඔබට

ස්තුති ප්‍රශංසා කරනවා. ඔබට පින් දෙනවා. පින් විතරක් දෙනවා නෙවෙයිනේ... පළතුරුත් පූජා කරනවා. මල් පූජා කරනවා. සුවඳ දුම්, පැන් පූජා කරනවා. එතකොට මේ මිනිස්සු පිනුත් දෙනවා. එහෙනම් ඔබ මිනිස්සුන්ට මෙත් සිත වඩන්න" කියලා. **(මෙත්ථං කරෝථ මානුසියා පජාය)** මනුස්ස ප්‍රජාවට මෛත්‍රිය කරන්න. **(තස්මාහිනේ රක්ඛථ අප්පමත්ථා)** ඒ නිසා අප්‍රමාදීව මේ අහිංසක මිනිසුන්ව ආරක්ෂා කරන්න කියලා බුදුරජාණන් වහන්සේ මෙත් සිත පතුරුවනවා.

හිතෙන් අහිංසකයි - අධිෂ්ඨානයෙන් දැඩියි...

ඊට පස්සේ උන්වහන්සේ වදාළේ මොකක්ද? **(යේ සුප්පයුත්තා මනසා දළ්හේන)** දැන් බලන්න මේ ශ්‍රාවකයෝ නිකං අය නෙවෙයි. 'දළ්හේන' කියන්නේ දැඩි මනසින් තමයි **(සුප්පයුත්තා)** මේ ප්‍රතිපදාවේ ගිහින් තියෙන්නේ. මේක එහෙම නම් මොළොක් මනසකින් යන්න පුළුවන් ගමනක් නෙවෙයි. මේක නෝංජල් මනසකින් යන්න පුළුවන් ගමනක් නෙවෙයි. දැඩි මනසකින් යන්න ඕන. දැඩි මනස කියලා මෙතන කියන්නේ මොකක්ද? හිතුවක්කාර කියන එකද? නෑ... හිතෙන් අහිංසකයි. අධිෂ්ඨානයෙන් දැඩියි. අපට වෙලා තියෙන්නේ අධිෂ්ඨානය නෑ, හිතෙන් දැඩියි. එහෙම කරන්න පුළුවන් එකක් නෙමෙයි මේ. හිතෙන් අහිංසකයි. අධිෂ්ඨානයෙන් දැඩියි. "යමෙක් පිළිවෙතින් යුතුවෙද, මනසින් දැඩිකොට" ඒ කිව්වේ අධිෂ්ඨානයක් තියෙනවා. දෘඪතර අධිෂ්ඨානයක්. ඒ දෘඪතර අධිෂ්ඨානය තියාගෙන හිතෙන් අහිංසකව මේ පිළිවෙත් පුරනවා.

නිවන් සැපය කරා...

(නික්කාමිනෝ ගෝතමසාසනම්හි) "නික්මෙන

හැම කෙලෙසුන්ගෙන් බුදු සුසුනේ සිට” ලස්සන වචනයක් ‘**ගෝතමසාසනං**’ ගෞතම ශාසනය තුළ හිඳගෙන. **(නික්කාමිනෝ)** නික්ම යනවා කෙලෙසුන්ගෙන්. කෙලෙසුන්ගෙන් නිහඬ වෙලා එයා ගෞතම ශාසනය තුළ දියුණු වෙනවා. එතකොට ගෞතම ශාසනය තුළ මනසින් දැඩිකොට, පිළිවෙත් සපුරා, කෙලෙසුන්ගෙන් නික්ම යන ඒ ශ්‍රාවකයෝ කවුද?

(තේ පත්තිපත්තා අමතං විගය්හ) ඒ ශ්‍රාවකයන් වහන්සේලා අමෘතය, නිවන සාක්ෂාත් කරනවා. ‘ඒ උතුමන් පැමිණිය පසු සුන්දර නිවනට’ **(ලද්ධා මුධා නිබ්බුතිං භුඤ්ජමානා)** හරි ලස්සන වචනයක් ඒක. මොකක්ද ඒ? අමා මහ නිවන වළඳනවා. ඒ නිවන් සැපය විඳිනවට බුදුරජාණන් වහන්සේ පාවිච්චි කළ වචනය මොකක්ද? වළඳනවා.

ඒ අමා නිවන සාක්ෂාත් කරලා අරහත්ඵල සමාධියෙන් ශ්‍රාවකයන් ඉන්න එකට බුදුරජාණන් වහන්සේ වදාරනවා වළඳනවා කියලා. **(ලද්ධා මුධා නිබ්බුතිං)** තමන්ට ලැබුන ඒ කෙලෙසුන්ගෙන් නික්මීම නිසා ගෞතම ශාසනය තුළ තමන්ට ලැබිච්ච අමා මහ නිවන ‘වළඳති සුවසේ නිවනම සිතු සිතු විලසට’ ඇයි මේක සල්ලිවලට ගන්න එකක් නෙමෙයි. මේ ප්‍රතිඵලය ලැබුණේ කොහොමද? මනසින් දැඩිකොට පිළිවෙත් සපුරා ගෞතම ශාසනය තුළ කෙලෙසුන්ගෙන් නික්මීමෙන්.

හිටපු ගමන් මහා කාශ්‍යප මහරහතන් වහන්සේ නිරෝධ සමාපත්තියෙන් ඉන්නවා. ඒ වගේම මහා මොග්ගල්ලාන මහරහතන් වහන්සේ, සාරිපුත්ත මහරහතන් වහන්සේ, අනුරුද්ධ මහරහතන් වහන්සේ ආදී රහතන් වහන්සේලා ඒ අමා මහ නිවන සිතු සිතු ලෙස වැළඳුවා.

(ඉදම්පි සංඝේ රතනං පණීතං) මෙය බුදු පිරිසෙහි පවතින උතුම්ම මැණිකකි.

ආර්ය සංඝයා හඳුනාගන්න....

බලන්න... බුදුරජාණන් වහන්සේගේ ශ්‍රාවක සංඝයා කෙරෙහි පහදින්න ඕන අපි මේ වගේ දේශනාවලින් අර්ථ තේරුම් අරගෙන. මොකද එහෙම නැත්නම් සිද්ධ වෙන්නේ? සමහර අවස්ථාවලදී මාධ්‍ය තුළින් සංඝයා අප්‍රසාදයට පත් කරවන්න විවිධාකාර විදිහේ තොරතුරු අප්‍රසාදයට ලක්වෙන ආකාරයට පතුරනවා නේද? මාධ්‍ය වලින්, වෙබ් සයිට් වලින් පතුරුවනවා. එතකොට අර ධර්මය ගැන දන්නේ නැති, අර්ථ වශයෙන් තේරුම් ගත්තේ නැති, තිසරණය මොකක්ද කියලා හඳුනාගත්තේ නැති අය, ගිරව් වගේ '**බුද්ධං සරණං ගච්ඡාමි**' කියපු අය එකපාරට හිතනවා 'මේගොල්ලොද අපි සරණ ගියේ...' කියලා. දන්නේ නැතිකම නිසාම.

එතකොට බලන්න තමන් තමන් කරන දේ දන්නේ නැතිනම්, ඒ තමන් කරන දේ පිළිබඳව නොදන්නාකමමයි තමන්ගේ අර්බුදය බවට පත්වෙන්නේ. තමන් තමන් කරන දේ හරියාකාරව දන්නේ නැතිනම්, ඒ නොදන්නාකම ඒ තමන්ගේ අර්බුදය, අර්බුදයක් බවවත් තමන් දන්නේ නෑ. ඉතින් බුදුරජාණන් වහන්සේ වදාළා 'මෙය බුදු පිරිසෙහි පවතින උතුම්ම මැණිකකි'. මොකක්ද ඒ බුදු පිරිසෙහි පවතින උතුම්ම මැණික? යම් ශ්‍රාවකයන් වහන්සේලා මනසින් දැඩිකොට පිළිවෙත් සපුරා ගෞතම සසුන තුළ කෙලෙසුන්ගෙන් නික්ම යයිද, ඒ ශ්‍රාවකයන් වහන්සේලා අමා නිවන සාක්ෂාත් කොට 'වළඳති සුව සේ නිවනම සිතු සිතු විලසට' බලන්න.... මේවා අහන කොටත් අපේ හිතට

සනීපයක් නැද්ද? අහන කොටත් අපට නිකම් හිතෙනවා 'අනේ මේ වගේ ශ්‍රාවකයෝ මේ ගෞතම ශාසනයේ වැඩසිටියානේ...' කියලා. 'මෙය බුදු පිරිසෙහි පවතින උතුම්ම මැණිකකි'.

බාහිරින් බලලා හඳුනගන්න බැහැ...

දැන් බුදුරජාණන් වහන්සේගේ කාලයේ වැඩසිටිය ශ්‍රාවකයන් වහන්සේලා තුළ පවා උන්වහන්සේලාව බුදුරජාණන් වහන්සේ හඳුනාගත්තා. අනෙක් ශ්‍රාවකයෝ හඳුනාගත්තා මිසක් සමහර විට බොහෝ අය ශ්‍රාවකයන් වහන්සේලාව හඳුනාගත්තේ නෑ. අර සාරිපුත්ත, මොග්ගල්ලාන භික්ෂූන් වහන්සේලා තවත් භික්ෂූන් වහන්සේලා 250 ක් සමඟ චාරිකාවේ වඩින ගමන් රජගහ නුවරට වැඩියා.

ඒ කාලේ මිනිසුන්ගේ ගොයම් කැපිලා දාන මාන දෙන්න ලෑස්ති වෙද්දි සිටුවරයෙක් දුන්නා ලක්ෂයක් අගනා රන් සළුවක්. මේක සංඝයාට පූජා කරන්න කියලා. එතකොට ධර්මය දන්න මිනිසුන් කොටසක් කිව්වා, "අන්න සාරිපුත්ත, මොග්ගල්ලාන රහතන් වහන්සේලා වැඩඉන්නවා. අපි උන්වහන්සේලාට දන් පැන් දීලා මේ සිවුරු සකසලා පූජා කරමු" කියලා. එතකොට දේවදත්තට පක්ෂ පිරිසක් හිටියා. ඒගොල්ලො මොකද කිව්වේ? "නෑ... නෑ... උන්වහන්සේලාට අපිව මතක් වෙන්නේ ගොයම් කැපෙන කොට" කියලා. දැන් බලන්න මේ ගොයම් කැපෙන කාලෙට චාරිකාවේ වඩින එක හිතුවේ කොහොමද? ගොයම් කපලා අස්වැන්න නෙලන නිසා චාරිකාවේ වැඩියා කියලා. ඒ කාලෙ එසේ නම්, මෙකල තේරෙනවානේ එතකොට.

එදත් එහෙම වුණා නම්...

එයාලා කිව්වා දේවදත්තයන් එහෙම නෙවෙයි. 'අපේ චූටි ළමයි වඩා ගන්නවා..., හාදු දෙනවා කිව්වා චූටි අයව අල්ලගෙන දේවදත්ත'. එතකොට අම්මලාට මොකද හිතෙන්නේ? 'අනේ.... අපේ ස්වාමීන් වහන්සේ අපේ දරුවන්ට තියෙන සෙනෙහස. එතකොට මේ දේවදත්ත තමයි කිව්වා 'අපේ මේ මඟුල් තුලාවලට එන්නේ. සෙත් පතන්නේ කවුද? කියලා ඇහුවා. වෙන කවුද මේවා කරන්නේ...' කියලා ඇහුවා. 'අපි හඬද්දි උන්වහන්සේ හඬනවා. අපි හිනාවෙද්දි උන්වහන්සේත් හිනාවෙනවා. අන්න දන් දෙන්න ඕන කෙනා. අපේ හැමදේම බැලුවේ උන්වහන්සේ කිව්වා. සුළුපටු කෙනෙක්ද? කියලා ඇහුවා. ඒ නිසා දේවදත්තට මේක දෙන්න ඕන'. කවුද දිනුවේ? දේවදත්තගේ පිරිස. ඒක තමයි හැටි.

ශ්‍රාවකයන් හඳුනාගත යුත්තේ ධර්මයෙන්මයි...

ඒ කියන්නෙ බුදුරජාණන් වහන්සේගේ ශ්‍රාවකයෝ හඳුනාගන්න තියෙන්නේ මොකෙන්ද? බුදුරජාණන් වහන්සේගේ ධර්මයෙන්මයි ශ්‍රාවකයෝ හඳුනාගන්න තියෙන්නේ.

ඒ ශ්‍රාවකයන්ගේ ලක්ෂණයක් ඊට පස්සේ පෙන්නනවා. කලින් පෙන්නුවේ මාර්ගඵල ලාභී ශ්‍රාවකයෝ සියලු දෙනා දක්ෂිණාර්හයි. ඊළඟ ගාථාවෙන් පෙන්නුවේ අරහත් ඵලයට පත්වෙච්ච ශ්‍රාවකයන් වහන්සේලා 'වළඳති සුවසේ නිවනම සිතූ සිතූ විලසට'. ඊළඟට පෙන්නන්නේ සෝතාපන්න ශ්‍රාවකයා ගැන.

ඉන්ද්‍රඛීලය සේ...

(යථින්දඛීලො පඨවිං සිතො සියා) 'යථා + ඉන්දඛීලෝ' ඉන්ද්‍රඛීලයක් වගේ කියනවා. පොළොවේ මැනවින් හාරලා සිටුවන ලද ඉන්ද්‍රඛීලයක් වගේ. ඒ කාලේ නගර මධ්‍යයේ හිටවලා තිබුණු ගල් කණුවක් තමයි ඉන්ද්‍රඛීලය කියන්නේ. අට රියනක් පොළොව යටට හාරලා, අට රියනක් උඩට පිහිටපු එකක් කියනවා. ඉන්ද්‍රඛීලය කාටවත් සොළවන්න බෑ. පොළොවේ මනාකොට හිටවපු ඉන්ද්‍රඛීලයක් තියෙනවා.

(චතුබ්භි වාතේහි අසම්පකම්පියෝ) සිව් දිසාවෙන් කොයිතරම් දැඩි සුළඟක් හැමුවත් සෙළවෙන්නේ නෑ. ඒ සිව් දිසාවෙන් හමන සුළඟ වගේ තමයි මේ ලෝකෙන් එන මතිමතාන්තර, දෘෂ්ටි. මේ කියන්නේ සෝවාන් ඵලයේ සිට ඉහළට.... ඒ ආර්ය ශ්‍රාවකයන්ගේ ලක්ෂණ තමයි පරඬැල් වගේ නෙමෙයි.

පරඬැලක් නොවන්න...

පරඬැල ඉන්ද්‍රඛීලයට වඩා වෙනස්. පරඬැලේ ස්වභාවය මොකක්ද? හුළඟ හමන හමන දිශාවට පරඬැල යනවා. ඇයි පරඬැල තියෙන්නේ පොළොවේ පිහිටලා නෙමෙයි. ඒ නිසා බුරුල්. පරඬැල තියෙන්නේ පාවි පාවී. ඒ නිසා සුළඟ හමන හමන දිශාවට පරඬැල යනවා. එතකොට පොළොවේ මනාකොට පිහිටන ලද ඉන්ද්‍රඛීලය සිව්දිශාවෙන් හමන සුළඟට අකම්පිතව නොසෙල්වී තියෙනවා.

(තථූපමං සප්පුරිසං වදාමි) එබඳු ඉන්ද්‍රඛීලයක් උපමා කරගෙනයි මේ සත්පුරුෂයා ගැන කියන්නේ. කවුද ඒ

සත්පුරුෂයා? **(යෝ අරියසච්චානි අවෙච්ච පස්සති)** යම් කෙනෙක් චතුරාර්ය සත්‍ය ධර්මයන් මනාකොට අවබෝධ කළාද, අන්න ඒ ශ්‍රාවකයා සත්පුරුෂයායි. ඒ සත්පුරුෂ ශ්‍රාවකයා කවුරු වගේද? සිව් දිසාවෙන් හමන සුළඟට නොසැලෙන ඉන්ද්‍රඛීලය වගෙයි. 'සිට වූ ගල් ටැඹක් විලස පොළොවේ දැඩි ලෙස - සතර දිගින් එන සුළඟින් නොසැලෙයි කිසි ලෙස, යමෙක් ආර්ය සත්‍ය දකිත් නම් මෙහි ඇති ලෙස, ඒ සත්පුරුෂයාට කියම් මෙය උපමා ලෙස' දැන් ඔබට අර්ථය තේරෙනවා නේද? 'ඒ සත්පුරුෂයාට කියම් මෙය උපමා ලෙස, මෙය බුදු පිරිසෙහි පවතින උතුම්ම මැණිකකි' එතකොට බුදුරජාණන් වහන්සේ වදාළා "මේක මේ බුදු පිරිස තුළ, සුගත ශ්‍රාවකයන් තුළ පවතින උතුම් මැණිකක්. **(ඒතේන සච්චේන සුවත්ථි හෝතු)** සැබෑ බසින් මෙම සෙත සැලසේවා!"

ගැඹුරු නුවණ ඇති බුදු සමිඳුන්...

ඊළඟට බුදුරජාණන් වහන්සේ වදාළා **(යෝ අරියසච්චානි විභාවයන්ති, ගම්භීරපඤ්ඤේන සුදේසිතානි)** **'ගම්භීරපඤ්ඤේන'** කියලා කිව්වේ ගැඹුරු ප්‍රඥාව. ප්‍රඥාව ඇති කවුද? බුදුරජාණන් වහන්සේ. භාග්‍යවතුන් වහන්සේට කියපු නමක් තමයි 'ගම්භීරපඤ්ඤ'. කලින් බුදුරජාණන් වහන්සේට කියපු නමක් තමයි 'සමාහිත සක්‍යමුනි' අපට හම්බවෙච්ච නම්නේ.... දැන් මෙතැනදී අපට හම්බවුණා උන්වහන්සේට කියන නමක් 'ගම්භීර පඤ්ඤ', ගැඹුරු ප්‍රඥාව ඇති.

බුදුරජාණන් වහන්සේ මනාකොට දේශනා කරන ලද **(සුදේසිතානි)** ඒ කියන්නේ දේශනා කළ. **"සු"** කියන්නේ මනාකොට. මනාකොට දේශනා කරන ලද ධර්මය ඒ

ආර්ය සත්‍ය ධර්මය යම් කෙනෙක් අවබෝධ කරනවාද, මෙතැන කියන්නේ සෝතාපන්න ශ්‍රාවකයා. කොහොමද ඒ **(කිඤ්චාපි තේ හොන්ති භුසප්පමත්තා)** 'භුස' කියන්නේ බොහෝ සෙයින් ප්‍රමාදී වුණත්, ඒ ශ්‍රාවකයෝ ප්‍රමාදීව සිටියත්, **(න තේ භවං අට්ඨමං ආදියන්ති)** ඔවුන් කිසි දවසක අට වෙනි භවයක් කරා යන්නේ නෑ.

දහම් ඇස...

ඒ කියන්නේ සෝතාපත්ති ඵලයට පත්වෙච්ච ශ්‍රාවකයා ප්‍රමාදීව හිටියත් අට වෙනි භවයකට යන්නේ නෑ. මොකද හේතුව? සත්‍ය ඤාණය සාක්ෂාත් කරලා තියෙනවා. ඒ කියන්නේ දුක ආර්ය සත්‍යයක්. දුකේ හටගැනීම ආර්ය සත්‍යයක්. දුක්ඛ නිරෝධය, ඒ කියන්නේ ත්‍රිවිධ තණ්හාවම නිරුද්ධ වීම ආර්ය සත්‍යයක්. ඒ සඳහා තියෙන මාර්ගය, ආර්ය අෂ්ටාංගික මාර්ගය ආර්ය සත්‍යයක් කියලා මෙයාට සත්‍ය ඤාණය තියෙනවා. සත්‍ය ඤාණයත් එක්කම එයා තුළ පිහිටනවා පංච ඉන්ද්‍රිය. මොනවද ඒ පංච ඉන්ද්‍රිය? ශ්‍රද්ධා, විරිය, සති, සමාධි, ප්‍රඥා. එයා තුළ ක්‍රියාත්මක වෙනවා සේඛ බල. ශ්‍රද්ධා, සීල, ශ්‍රැත, චාග, ප්‍රඥා. එයා යෝනිසෝ මනසිකාරයේ ඉන්න කෙනෙක්. එයාට තියෙනවා ධම්ම චක්ඛු. එයාට දහම් ඇස තියෙනවා. ඒ දහම් ඇස තමයි ජීවිතයට චතුරාර්ය සත්‍යය ගලපලා බලන්න පුළුවන්කම.

එතකොට මේ ශ්‍රාවකයා ප්‍රමාද වුණත් අට වෙනි භවයක් කරා යන්නේ නෑ. මේක සත්‍යයක්. මේක සත්‍යයක් විතරක් නෙමෙයි. බුදුරජාණන් වහන්සේගේ ශ්‍රාවක සංඝයා තුළ, බුදු පිරිස තුළ තිබෙන්නා වූ උතුම් මැණිකක්. 'ගැඹුරු නුවණ ඇති බුදු සමිඳුන් පවසන ලද,

ආර්ය සත්‍යයන් මැනවින් දුටු කෙනෙකුන් වේද, භවයේ රැඳෙමින් කොතරම් පමාව සිටියද, ඔවුන් නොයෙත්මය අටවෙනි භවයට කිසි ලෙද, (කිසි ලෙද කියන්නේ කිසි කලෙකත්) මෙය බුදු පිරිසෙහි පවතින උතුම්ම මැණිකකි' බුදුරජාණන් වහන්සේගේ පිරිස තුළ පවතින උතුම්ම මාණික්‍ය ස්වභාවයක් **(ඒතේන සච්චේන සුවත්ථි හෝතු)** මෙය සැබෑවක්. මේ සැබෑව හේතුවෙන් සෙත්වේවා!

දර්ශන සම්පත්තිය...

බලන්න කොයිතරම් මෛත්‍රියක්ද බුදුරජාණන් වහන්සේ පතුරවන්නේ.... බුදුරජාණන් වහන්සේගේ ගුණ, ධර්මයේ ගුණ, ශ්‍රාවකයන්ගේ ගුණ. ඊළඟට කියන්නෙත් සෝතාපන්න ශ්‍රාවකයා ගැන. **(සහාවස්ස දස්සනසම්පදාය)** **'සම්පදා'** කියන්නේ සම්පත, සම්පත්තිය. **'දස්සනසම්පදා'** කියන්නේ දර්ශන සම්පත්තිය. දර්ශනය කියලා කියන්නේ මේ ඇහැට දකින පෙනීම නෙමෙයි. දර්ශනය කියලා කියන්නේ දැකීම. දැකීම කියලා අදහස් කරන්නේ වටහා ගැනීම, අවබෝධ වීම. මේක සත්‍ය ඥාණය. දුක කියන එක ඒකාන්තයෙන්ම ආර්ය සත්‍යයක්. දුක්ඛ සමුදය ආර්ය සත්‍යයක්. දුක්ඛ නිරෝධය ආර්ය සත්‍යයක්. දුක්ඛ නිරෝධගාමිනී පටිපදාව ආර්ය සත්‍යයක් කියලා තමන්ගේ ම අවබෝධයක් තියෙනවා.

ඒ අවබෝධය ඇතිවීමත් සමඟම, ඒ කියන්නේ ශ්‍රාවකයාට තමන් තුළින්ම ඒ අවබෝධය ඇතිවීමත් සමඟම, ඒ ක්ෂණයේම **(තයස්සු ධම්මා ජහිතා භවන්ති)** **තයෝ + අස්සු ධම්මා ජහිතා භවන්ති.** ඔහු තුළ කරුණු තුනක් ප්‍රහාණය වෙලා යනවා. එතකොට තමන් තුළ සත්‍ය ඥාණය ඇතිවෙනවාත් සමඟම කරුණු තුනක්

ප්‍රහාණය වෙලා යනවා. සක්කාය දිට්ඨිය. සක්කාය දිට්ඨිය කියලා කියන්නේ පංච උපාදානස්කන්ධය ගැන තමාගේ වසඟයේ පැවැත්විය හැකි දෙයක් මෙතැන තියෙනවා කියලා ඇතිවෙච්ච මුලාව.

සක්කාය දිට්ඨිය ප්‍රහාණය වෙලා යනවා...

අර හේතු ප්‍රත්‍යය ධර්මයන් තේරුණාම, මොකක්ද හේතු ප්‍රත්‍යය ධර්මයන්ගෙන් තේරෙන්නේ? **(යං කිඤ්චි සමුදයධම්මං සබ්බං තං නිරෝධධම්මන්ති)** එතකොට සමුදයධම්ම කියන්නේ හටගන්නා ස්වභාවයෙන් යුතු. **(යං කිඤ්චි)** යම් කිසිවක් ඇද්ද හටගන්නා ස්වභාවයෙන් යුතු, **(සබ්බං තං)** ඒ සියල්ලම **(නිරෝධධම්මං)** ඒ හේතු නැතිවීමෙන් නිරුද්ධ වී යන ස්වභාවයෙන් යුක්තයි කියලා. ඒක තමයි මේ චතුරාර්ය සත්‍යය හරහා එයා තේරුම් ගන්නේ. එතකොට එයාගේ සක්කාය දිට්ඨිය ඒ සමඟම ප්‍රහාණය වෙනවා.

සිව් අපායේ දොරටු වැසී...

(විචිකිච්ඡාව) සැක ප්‍රහාණය වෙනවා. **(සීලබ්බතං වාපි යදත්ථි කිඤ්චි)** ඒ වගේම යම්කිසි සීලව්‍රත ආදියක් තිබේ නම් ඒවාත් ප්‍රහාණය වෙනවා. ඒවා ප්‍රහාණය වෙච්ච ගමන් **(චතූහපායේහි ච විප්පමුත්තෝ)** සතර අපායෙන් මිදී ගියා වෙනවා. මොනවාද සිව් අපාය? නිරය, තිරිසන් ලෝකය, ප්‍රේත ලෝකය, අසුර ලෝකය. මේ සතර අපායෙන් අත්මිදුනා වෙනවා.

(ඡචාභි ඨානානි අභබ්බෝ කාතුං) එයා බැරිවෙලාවත් ප්‍රමාදයට පත්වුණොත් එහෙම ආත්ම භාව හතක් ඉන්නවානේ. ඒ හත තුළම එයාට ආනන්තරීය පාපකර්මය

සිද්ධවෙන්නේ නෑ. නියත මිසදිටු ගන්නෙත් නෑ. භය තැනක එයා අභව්‍යයයි. භය තැනක කටයුතු කරන එක අභව්‍යයයි. අභව්‍යයි කියන්නේ එයාගේ අතින් සිද්ධවෙන්නේ නෑ.

යළි කිසිදා ආනන්තරීය පාපකර්ම සිදුවෙන්නේ නැහැ..

එතකොට පෘථග්ජන කෙනාට මේ ජීවිතේදී ආනන්තරීය කර්ම නොවෙන්න පුළුවන්. නමුත් ඊළඟ ජීවිතේ එයාගේ අතින් සිද්ධවෙන්න පුළුවන්. මොකද මේ ජීවිතයේ ගුණධර්ම වැඩුවට ඊළඟ ජීවිතේ අසත්පුරුෂයෙක් වෙන්න පුළුවන්, අසත්පුරුෂ ආශ්‍රයෙන්. නමුත් මාර්ගඵල ලාභි ආර්ය ශ්‍රාවකයාට ඒ අනතුර නෑ. මේ භවයෙත් නෑ. ඊළඟ භවයෙත් නෑ. ආත්ම භව හතේම ඒ අනතුර නෑ. ඒ ශ්‍රාවකයාගේ අතින් මව මැරෙන්නේ නෑ. පියා මැරෙන්නෙ නෑ. ඊළඟට රහතුන් මරන්නේ නෑ. සංඝභේදය කරන්නේ නෑ. බුදු කෙනෙකුගේ ලේ සොලවන්නේ නෑ. ඒ ඔක්කෝම සිද්ධවෙන්නෙ පෘථග්ජනයාගේ අතින්.

ඇයි මේ ආර්ය ශ්‍රාවකයෝ අතින් මේ ආනන්තරික පාපකර්ම කෙරෙන්නේ නැත්තේ? සත්පුරුෂයා සත්පුරුෂ ධර්මයේ පිහිටපු ගමන් ප්‍රාණඝාතයෙන් වෙන්වෙනවා. ආර්යකාන්ත සීලයේ පිහිටන නිසා තමයි එයාගේ ජීවිතය තුළ කිසිම භවයකදී මේක සිද්ධවෙන්නේ නැත්තේ.

දැන් අපි ගත්තොත් පාරේ යනවා භික්ෂූන් වහන්සේලා. කොහොමද රහත් කියලා හොයන්නේ නේද? එයාගේ අතින් මේක සිද්ධවෙන්නේ නෑ. විඩූඩභ හා ශාක්‍යන් අතර ඇති වූ යුද්ධයේදී විඩූඩභ සේනාවක් අරගෙන ගියා ශාක්‍යන්ට විරුද්ධව යුද්ධ කරන්න. මේ

සේනාව තුළ හිටියා මාර්ගඵල ලබපු අය. ඒගොල්ල යුද්දෙට සහභාගී වුණේ නෑ. එයාලා කඩු එසෙව්වේ නෑ. එයාලා නිකම් ගියා විතරයි. මොකද ඒක ඒගොල්ලන්ගේ රස්සාවනේ. ඒ නිසයි ගියේ. එතකොට ශාක්‍යන් අතර වැඩිපුර හිටියේ කවුද? මාර්ගඵල ලාභී ශ්‍රාවකයෝ. ඒ මාර්ගඵල ලාභී ශ්‍රාවකයෝ ඔක්කෝම මැරුවනේ. කවුද මැරුවේ? අර පෘථග්ජන මිනිස්සු.

ධර්මය තුළින්ම සැබෑ ආරක්ෂාව ලැබෙන්නේ...

ඊට පස්සේ මේ අය මහා ජයග්‍රහණයක් කළා කියලා හිතාගෙන 'අචිරවතී' ගඟ ළඟට ආවා. 'අචිරවතී' ගඟ ළඟ ඉන්න කොට දැන් ඔන්න ඒ ගඟ ළඟ වැලිතලාවේ ගං ඉවුරේ නිදි. නිදියගන්න හදන කොට මනුස්ස ඝාතනයට සහභාගී නොවෙච්ච අයත් එතැන හිටියා. හොඳට සීලයේ පිහිටපු අය එතැන හිටියා. ඒගොල්ලන්ට නිදාගන්න දෙන්නේ නැතිව තෙල් කුඹී ඇවිල්ලා මේගොල්ලන්ව කන්න ගත්තා. "මොන වදයක්ද...?" කියලා එතැනින් උඩට ගියා. එතැනදිත් කන්න ගත්තා. ඒ ආර්ය ශ්‍රාවකයන් එතැන නතර නොවී කඳු ගැටයකට ගියා. කඳු ගැටය මුදුනට ගිහින් එතැන හිටියා. අරගොල්ලන්ට හොඳට නින්ද ගියා. බලන්න වෙනස...

ඊට පස්සේ ඉහළ ප්‍රදේශයේ මහා වැස්සක් වැස්සා. ඇහැරිලා දුවන්න වේලාවක් නෑ, ගහගෙන ගියා. හරි පුදුමයි මේ ස්වභාවයන්. දැන් බලන්න මේ මනුෂ්‍යයෙකුට උදව් කරනවා කියලා කියන්නේ මේවා නේද? බුදුරජාණන් වහන්සේගේ ධර්මය අවබෝධ කරගන්න කල්පනා කිරීම තමයි පළවෙනිම උදව්ව. ඇයි හේතුව? එයාට ඒකෙන් තමයි එයාට සැබෑම ආරක්ෂාව, සැබෑම පිළිසරණ

ලැබෙන්නේ. එතකොට එයාගේ අතින් මව මැරෙන්නේ නෑ. පියා මැරෙන්නේ නෑ. රහතුන් ඝාතනය කරන්නේ නෑ. සංඝභේද කරන්නේ නෑ. එයා සංඝභේදයට හවුල්වෙන්නේ නෑ. මොකද හේතුව? පෘථග්ජනයෙක් නෙමෙයිනේ. පෘථග්ජනයින්නේ සංඝභේද කරන්නේ.

එතකොට ආර්ය ශ්‍රාවකයා සංඝභේද කරන්නේ නෑ. මොකක්ද හේතුව? එයා දන්නවා සමගි සම්පන්නව ධර්මයේ හැසිරීමේ වටිනාකම. පුද්ගලික වාසි තකාගෙන සංඝයා අතර අවුල් හදන්නේ නෑ. බිඳවන්නේ නෑ. මොකද එයා ආර්ය ශ්‍රාවකයෙක්. පෘථග්ජනයා පෞද්ගලික වාසි බලාගෙන සංඝයා අතර අවුල් හදනවා. සංඝයාව බිඳවනවා. සංඝයා කඩාගෙන යනවා. මේ ඔක්කෝම කරනවා. එතකොට මාර්ගඵල ලාභී ශ්‍රාවකයා සංඝභේදයට හවුල් වෙන්නේ නෑ. සමගිය ධර්ම මාර්ගය දියුණු කරගන්න තියෙන විශේෂ දෙයක් බව දන්නවා.

වධක චිත්තය නැත්නම් පව සිදුවෙන්නෙ නැහැ...

ඒ වගේම ආර්ය ශ්‍රාවකයා වධක චිත්තයෙන් බුදුරජුන්ගේ ලේ සොලවන්නේ නෑ. දූන් අපි ගත්තොත් අර දේවදත්ත පෙරලපු ගලින් බුදුරජාණන් වහන්සේගේ මහපට ඇඟිල්ලේ ගල් පතුර වැදිලා ලේ සෙලෙව්වනේ. එතකොට ජීවක වෛද්‍යාචාර්යතුමා තමයි බෙහෙත් කළේ. එයා සෝතාපන්න ශ්‍රාවකයෙක්. එයා තුවාලේ සුද්ධ කරන්න ඕන. එතකොට ලේ සෙලවෙනවනේ.... නමුත් ඒක ආනන්තරීය පාපකර්මයක් නෙමෙයි. ඒක සිද්ධවෙන්නේ වධක චිත්තයෙන් ලේ සෙලෙව්වොත්. නමුත් මෙතැනදී වධක චිත්තයක් නෑ. මෙතැන තියෙන්නේ මෛත්‍රී

චිත්තයනේ. වධක චිත්තයෙන් බුදුරජාණන් වහන්සේගේ ලේ සොළවන්නේ නෑ. ආර්ය ශ්‍රාවකයා අතින් පංච ආනන්තරීය පාපකර්ම වලින් එකක්වත් සිද්ධවෙන්නේ නෑ.

එතකොට බලන්න මේ සෝතාපන්න ශ්‍රාවකයා තුළ මොනතරම් ගුණයක් තියෙනවාද? මිත්‍යා දෘෂ්ටිය ගන්නේ නෑ. ඇයි එයා ස්වාධීන මනුස්සයෙක්නේ. එයාට පින් පව්, මෙලොව පරලොව ඒ හැමදෙයක් ගැනම අවබෝධයක් තියෙනවා. එයා කිසිම මිත්‍යා දෘෂ්ටියකට එන්නේ නෑ. මෙන්න මේ ලක්ෂණය තියෙන ශ්‍රාවකයා **(ඉදම්පි සංඝේ රතනං පණීතං)** මේ සංඝයා තුළ පවතින උතුම් ප්‍රණීත භාවයයි. **(එතේන සච්චේන සුවත්ථි හෝති)** මෙය සැබෑවක්. මේ සත්‍යානුභාවයෙන් සෙත්වේවා! 'ඔහු තුළ ඇතිවන විටදිම මගඵල නුවණත්' ඒ කිව්වේ චතුරාර්ය සත්‍ය ගැන සත්‍ය ඥාණය ඇතිවන විටදිම 'සංයෝජන තුනක්ම දුරුවෙයි තම සිතිනුත්' - තම සිතින් සංයෝජන තුනක් දුරුවෙලා යනවා. 'සක්කාය දිට්ඨියත් සමඟින් දහමේ සැකයෙනුත්, සීලව්‍රතයට බැඳී තිබෙන මේ කරුණේනුත්' එතකොට සීලව්‍රතයට බැඳිලා තියෙනවා නම් එයා ඒකෙනුත් නිදහස් වෙනවා.

නිගණ්ඨ ධර්මය....

ඔබට මතකනේ 'සීහ සේනාධිපති'. සීහ සේනාධිපතිට නිගණ්ඨ නාතපුත්ත උගන්වලා තිබුණේ කොහොමද? "එළවළුයි, බතුයි කාපන්... ඒක තමයි සීලය. ඒක තමයි කරුණාව, මෛත්‍රිය" සීහ සේනාධිපති සෝතාපන්න වෙච්ච දවසේ මොකද වුණේ? එයා තෙරුවන් සරණ ගිහින් බුදුරජාණන් වහන්සේ ප්‍රමුඛ ශ්‍රාවකයන් වහන්සේලාට දානේ දෙද්දී සේවකයන්ට කිව්වා, "කඩේට ගිහිල්ලා

විකුණන්න තියෙන මසක් අරගෙන එන්න" කියලා. අන්න ඒකටනේ අර නිගණ්ඨ පිරිස පෙළපාලි ගියේ. එතකොට බලන්න මේ සීලයක් හැටියට, ව්‍රතයක් හැටියට (ඒක රුචිකත්වයක් හැටියට නම් කිසිම ගැටළුවක් නෑ...) සීලයක් හැටියට හුවාදක්වලා තියෙන්නේ පෘථග්ජන ස්වභාවය නිසාමයි.

එතකොට ආර්ය ශ්‍රාවක වෙච්ච ගමන් මොකද වුනේ? සීලබ්බත පරාමාස නැතිව ගියා. පරාමාස කිව්වේ මොකක්ද? පරාමර්ෂණය කියන්නේ දැඩිව ගන්නවා කියන එක. එතකොට සීලව්‍රත දැඩිව ගන්නවා, මේක තමයි හරි කියලා දැඩිව ගන්නවා. 'සතර අපායෙන් හෙතෙමේ මිදෙයි මනාකොට, නොකරයි සය තැනක කර්ම වැටෙන අපායට' මොනවද ඒ අපායට වැටෙන කර්ම? පංච ආනන්තරික කර්මයි, නියත මිත්‍යා දෘෂ්ටියයි. ඒවා කරන්නේ නෑ. 'මෙය බුදු පිරිසෙහි පවතින උතුම්ම මැණිකකි, සැබෑ බසින් මෙම සෙත සැලසේවා!'

සඟවාගෙන ඉන්නෙ නැහැ...

ඊළඟට මොකක්ද මේ ශ්‍රාවකයාගේ ලක්ෂණය? **(කිඤ්චාපි සෝ කම්මං කරෝති පාපකං)** මේ මාර්ගඵල ලාභී ශ්‍රාවකයා අතින් කිසියම් පවක් කෙරෙනවා නම්, එහෙම නම් මේ ශ්‍රාවකයා අතින් යම් පවක් සිද්ධ වෙන්න පුළුවනි. **(කායේන)** කයින් හෝ **(වාචා)** වචනයෙන් හෝ **(උදචේතසා වා)** එහෙම නැතිනම් සිතින් හෝ **(අභබ්බෝ සෝ තස්ස පටිච්ඡාදාය)** එයා ඒක හංගගෙන ඉන්නේ නෑ. එයා ඒක ඊට සුදුසු පුද්ගලයන් ඉදිරියේ විවෘත වෙලා සංවර වෙනවා.

(අභබ්භතා දිට්ඨ පදස්ස වුත්තා) 'දිට්ඨ පද' කියලා කිව්වේ ධර්මය දැක්ක කෙනා. ධර්මය දැක්ක කෙනාගේ ගුණයක්, ස්වභාවයක් හැටියටයි මේකේ කියන්නේ. එතකොට බුදුරජාණන් වහන්සේගේ මාර්ගඵල ලාභී ශ්‍රාවක සංඝයා හැමතිස්සේම බර අපිරිසිදු වෙන්නද? පිරිසිදු වෙන්නද? පිරිසිදු වෙන්නමයි බර. පිරිසිදු වීමටමයි එයා සූදානම්. **(ඉදම්පි සංඝේ රතනං පණීතං)** මෙය සංඝයා තුළ ඇති ප්‍රණීත රත්නයයි. **(ඒතේන සච්චේන සුවත්ථි හෝතු)** 'කිසියම් පව්කමක් ඔහුගේ අතින් කෙරුන විට, කයෙන් වචනයෙන් හෝ චේතනාව මුල්කොට එය සඟවාගෙන සිටින්න නොහැකිය ඔහු හට, දහමකි මෙය සදහම් දැකගත්තු කෙනා හට, මෙය බුදු පිරිසෙහි පවතින උතුම්ම මැණිකකි, සැබෑ බසින් මෙම සෙත සැලසේවා!'

වසන්ත කාලය...

ඊළඟට බුදුරජාණන් වහන්සේ දේශනා කරනවා.... දැන් සංඝයා ගැන කියලා මෛත්‍රී කළා. ඊට පස්සේ තථාගත, අර්හත් සම්මා සම්බුදුරජාණන් වහන්සේ ගැන ගාථාවකින් කියනවා. **(වනප්පගුම්බේ යථා ඵුස්සිතග්ගේ ගිම්හාන මාසේ පඨමස්මිං ගිම්හේ)** එතකොට ගිම්හාන කියලා කියන්නේ වසන්ත ඍතුවට. එක එක ඍතු තියෙනවානේ. දැන් සීත ඍතුව ඉවර වෙනවා. ඔන්න වසන්ත කාලේ එනවා. වස්සාන කාලෙට හොඳට පොළොව තෙමිලා, ගස්කොලන් තෙමිලා හොඳට පැළවෙලා හැදෙනවා. ඊට පස්සේ සීතල ඍතුව. සීත කාලෙ එතකොට මේ ගස්කොලන් හොඳට සකස්වෙනවා. ඊට පස්සේ ටික ටික අව්ව එනවා. හැබැයි මඳ සිසිල තියෙද්දි ඒ කාලෙට කියනවා වසන්ත කාලේ කියලා. මඳ සිසිල තියෙන අව්ව තියෙන කාලෙට ළා දළු ගස්වල හැදෙනවා. අලුතින් ගස්වල මල් පිපෙනවා.

ඒ කාලෙ තමයි සොබාදහමේ තියෙන ලස්සනම කාලය. අන්න ඒ කාලේ පළතුරු හැදෙනවා. මල් පිපෙනවා.

(වනප්පගුම්බේ) එතකොට මේ වන ගැබ නැත්නම් මේ මල් පඳුරුවල, වන ගොමුවල **(යථා ඵුස්සිතග්ගේ)** අතු අග මල් පිපී තිබෙනවා. '**ඵුස්සිත**' කියන්නේ පිපිලා තියෙනවා. එතකොට මේ ගස්වල අග මල් පිපිලා තියෙනවා. **(ගිම්හාන මාසේ පඨමස්මිං ගිම්හේ)** ගිම්හාන කාලේ ප්‍රථම ගිම්හානය. ප්‍රථම ගිම්හානය කියන්නේ පෙබරවාරි මාසය විතර. හරි ලස්සනට මල් පිපිලා තියෙනවා පෙබරවාරි මාසේ, මාර්තුවල මුල් හරියේ.

දෙසූ සේක උත්තම සිරි සදහම් එලෙසට...

එතකොට **(තථූපමං ධම්මවරං අදේසයි)** එවැනි උපමාවක් මේ ශ්‍රේෂ්ඨ ධර්මයට කියන්න පුළුවන් කියනවා. එතකොට මේ අවුරුද්දේ තියෙන ඍතුවල හොඳ ලස්සනම කාලෙ මොකක්ද? වසන්ත කාලේ. ගස්වැල් පඳුරු ලියලලා, ඒවාගේ අග මල් පිපෙන කාලේ. ඒ වගේ ධර්මයක් තමයි දේශනා කළේ. **(නිබ්බානගාමිං)** නිවන කරා ගෙන යන. **(පරමං හිතාය)** පරම හිත සුව පිණිස පවතින ධර්මයක් තමයි මේ ධර්මය. **(වනප්පගුම්බේ යථා ඵුස්සිතග්ගේ, ගිම්හාන මාසේ පඨමස්මිං ගිම්හේ)** 'ගිම්හානේ පළමුව එන වසන්ත කාලෙට, මල් ඵල බරවෙයි වනගොමුවල සිරියාවට, දෙසූ සේක උත්තම සිරි සදහම් එලෙසට, පරම සුවය සදමින් එය ගෙන යයි නිවනට, මෙය බුදු සමිඳුගේ පවතින් උතුම්ම මැණිකකි, සැබෑ බසින් මෙම සෙත සැලසේවා!'

ඊළඟ ගාථාවෙන් බුදුරජාණන් වහන්සේ දේශනා කරනවා බුදුරජාණන් වහන්සේ ගැන. **(වරෝ)** කියලා

කියන්නේ උතුම්. 'වර' කියන වචනයේ තේරුම උතුම් කියන එක. **(වරඤ්ඤූ)** උතුම් වූ බුදුරජාණන් වහන්සේ උතුම් වූ ධර්මයක් අවබෝධ කළා. **(වරදෝ)** උතුම් වූ ධර්මයන් දෙනවා. **(වරාහරෝ)** උතුම් වූ ධර්මයක් බෙදා හරිනවා. **(අනුත්තරෝ ධම්මවරං අදේසයී)** අනුත්තර වූ උතුම් ධර්මයක් දේශනා කළා. **(ඉදම්පි බුද්ධෙ රතනං පණීතං)** මෙය බුදුරජාණන් වහන්සේ තුළ පවතින උතුම්ම මැණිකකි. 'උතුම් මුනිඳු උතුම් දහම් දන එය බෙදමින, දෙසූ සේක උතුම් අනුත්තර සදහම් බණ, මෙය බුදු සමිඳුගෙ පවතින උතුම්ම මැණිකකි, සැබෑ බසින් මෙම සෙත සැලසේවා!'

නොඇලෙන මුනිවරු...

ඊළඟට දේශනා කරනවා රහතන් වහන්සේ ගැන පුදුම ලස්සන දේශනාවක්. **(ඛීණං පුරාණං)** පැරණි කර්ම ක්ෂය වුණා. පැරණි කර්ම උපතක් කරා යන්න සකස් වෙන්නේ නෑ. පිරිනිවන් පාන කොට පැරණි කර්ම ඔක්කොම ක්ෂය වෙනවා. පිරිනිවන් පාන මොහොත ගැනයි මේ කියන්නේ. **(නවං නත්ථි සම්භවං)** අරහත් ඵලයට පත් වූ මොහොතේ ඉඳලා කර්මයන්ගේ සම්භවයක්, සම්භවයක් කියන්නේ හටගැනිල්ලක් නෑ. **(නවං නත්ථි සම්භවං)** අලුත් කර්මයන්ගේ හටගැනීමක් නෑ. අලුත් කර්ම සකස් වෙන්නේ නෑ.

(විරත්ත චිත්තා) නොඇලුන සිතින් ඉන්නවා. **(ආයතිකේ භවස්මිං)** අනාගත භවයන් ගැන කිසිම ඇල්මක් නෑ සිතේ. **(තේ ඛීණ බීජා)** උන්වහන්සේලාගේ බීජ ක්ෂය වෙලා. මොකක්ද බීජ කියන්නේ? ඒ විඤ්ඤාණය පැළවෙන්නේ නෑ. විඤ්ඤාණයටනේ බීජය කියන්නේ. දන්

සාමාන්‍යයෙන් අපි මිය යන කොටම අපේ විඤ්ඤාණය තව කොහේ හරි පැළවෙනවා. මේ විඤ්ඤාණය පැළවෙන්නේ නෑ අරහත් ඵලයේදී. විඤ්ඤාණය ක්ෂය වුණා. විඤ්ඤාණය ක්ෂීණ වුණා. එතකොට බීජයේ ස්වරූපය නැතිව ගියා. එතකොට කර්මයේ තිබුණ කුඹුරක ස්වරූපය නැතිව ගියා. තණ්හාව නැමැති වතුරත් නැතිව ගියා.

නිවෙති රහත් සඟ...

රහතන් වහන්සේ තුළ කුඹුරත් නෑ, ජලයත් නෑ, බීජත් නෑ. **(තේ ඛීණ බීජා)** ඒ බීජ ක්ෂය වෙලා. **(අවිරූළ්හිච්ඡන්දා)** තෘෂ්ණාව මුළින්ම උදුරලා. **(නිබ්බන්ති ධීරා)** 'ධීරා' කීවේ ප්‍රාඥයින්. ප්‍රඥාවන්ත උතුමන්. 'නිබ්බන්ති' කියන්නේ පිරිනිවන් පානවා. **(යථා අයං පදීපෝ)** මේ දැල්වෙන පහන වගෙයි. ඒ දැල්වෙන පහන නිවී යනවා. නිවී ගියාට පස්සේ ඒ පහන් දැල්ල උතුරට ගියාද, දකුණට ගියාද, නැගෙනහිරට ගියාද, බටහිරට ගියාද කියලා සොයන්න බෑ. නිවී යනවා. එතකොට මේ කියන්නේ සම්පූර්ණ කා ගැනද? රහතන් වහන්සේගේ ස්වභාවයයි. පිරිනිවන් පෑමයි. බලන්න මොනතරම් අංග සම්පූර්ණ විස්තරයක්ද මේ රතන සූත්‍රය තුළ තියෙන්නේ.

මම අහලා තියෙනවා සමහරු බයයි ගෙවල්වල මේ රතන සූත්‍රය කියන්න. ගෙවල්වල කියන්න භයවෙලා තියෙන්නේ මොකක්ද? දැන් තේරෙනවද මේ පාළි භාෂාවේ අර්ථ දන්නේ නැතිනම් ඕන කෙනෙකුට භය කරන්න පුළුවන්. මේකේ අර්ථ දැනගත්තට පස්සේ එහෙම කරන්න බෑ. දැන් **'යානීධ භූතානි'** කියපු ගමන් "ආන්න... හොල්මන්වලට අඬගහනවා" කියනවා. ඇයි අර්ථ දන්නේ නැනේ.... අර්ථ දන්නේ නැතිවෙච්ච ගමන් හිතන්නේ

'යානීධ භූතානී' කියන්නේ හොල්මන්වලට කතා කරනවා කියලා. ඊට පස්සේ බයයි. ඊට පස්සේ කියනවා "හා.... හා... ගෙවල්වල රතන සූත්‍රය කියන්න එපා! භූතයෝ ඇවිත් පේනවා" ඔබ අහලා නැද්ද මේවා? කරණීයමෙත්ත සූත්‍රය කියන්න එපා කියනවා භූතයෝ ඇවිස්සෙනවා කියලා.

එතකොට දැන් බලන්න මේකේ පරිවර්තනය කරලා තියෙනවා අප විසින් 'වැනසුණ හැම පැරණි කර්ම යළි නොම රැස්වුණ, නොඇලෙයි සිත අනාගතේ කිසි භවයක් ගැන, වැනසී ගිය බිජුවට කිසිදා නොම පැළවෙන, (එතකොට වැනසී ගිය බිජුවට කිව්වේ මොකක්ද? විඤ්ඤාණය) නිවෙති රහත් සඟ නිවෙනා මෙපහන විලසට' රහතන් වහන්සේලා නිවී යනවා මෙපහන විලසට, මේ පහන නිවෙනවා වගේ **(නිබ්බන්ති ධීරා යථා යං පදීපෝ)** මේ ප්‍රදීපය.

සැබෑ බසින් මෙම සෙත සැළසේවා...

එතකොට මම මේ සූත්‍රයෙන් කල්පනා කළා බුදුරජාණන් වහන්සේ රතන සූත්‍රය දේශනා කරලා තියෙන්නේ රාත්‍රී කාලයේදී. ඇයි මේකේ තියෙනවා මේ පහන කියලා. **(අයං පදීපෝ)** 'අයං' කියන්නේ මේ. එහෙනම් මේ දේශනාව කරලා තියෙන්නේ රාත්‍රී කාලයේදී. මේ පහන නිවිලා යනවා වගේ රහතන් වහන්සේ නිවිලා යනවා. 'මෙය බුදු පිරිසෙහි පවතින උතුම්ම මැණිකකි' මෙය තමයි බුදුරජාණන් වහන්සේගේ ශ්‍රාවකයන් වහන්සේලා තුළ තියෙන උතුම්ම මාණික්‍ය. **(ඒතේන සච්චේන සුවත්ථි හෝතු)** 'සැබෑ බසින් මෙම සෙත සැලසේවා!'

එතකොට මේ 'සෙත සැලසේවා' කියලා මෛත්‍රී දේශනාව කරලා අවසාන වෙනවාත් සමඟම දෙවි පිරිස

පිරිවරාගෙන හිටපු ශක්‍රදේවේන්ද්‍රයා මේ ගාථා තුන පැවසුවා. (**යානීධ භූතානි සමාගතානී, භුම්මානි වා යානි ව අන්තලික්ඛේ, තථාගතං දේවමනුස්සපූජිතං, බුද්ධං නමස්සාම සුවත්ථි හෝතු**) 'භූත පිරිස් කිසිවකු මෙහි සිටිත්ද රැස්වුන' මේ රැස්වෙලා ඉන්න දෙවිවරුනි, භූතයිනි, භුම්මාස්සව හෝ අන්තරීක්ෂව හෝ ඉන්නා මේ දෙවියන් භූතයන් ඇද්ද, (**තථාගතං දේවමනුස්ස පූජිතං**) බලන්න මේ දෙව් මිනිසුන් විසින් පුදන ලද තථාගතයන් වහන්සේ මේ වැඩඉන්නවා. (**බුද්ධං නමස්සාම**) එතකොට අර දෙවිවරු ඔක්කෝම එකතුවෙලා ශක්‍ර දේවේන්ද්‍රයා පෙරටු කරගෙන බුදුරජාණන් වහන්සේ වන්දනා කරනවා. (**සුවත්ථි හෝතු**) මේ වන්දනාවෙන් ලැබෙන පින් බලයෙන් සෙත් වේවා!

බුදුරජාණන් වහන්සේට නමස්කාර වේවා!

බලන්න මේකේ අර්ථය.... 'භූත පිරිස් කිසිවකු මෙහි සිටිත්ද රැස්වුණ, අහසෙහි හෝ පොළොවේ හෝ ඒ හැම එක්වුන, දෙව් මිනිසුන් හැම පුදදෙන බුදු සමිඳුන් වන, නමදිමු අපි ඒ බුදුරජ සෙත සැලසේවා!' දැක්කද මං මේවා හරියට දශමෙට පරිවර්තනය කරලා තියෙන්නේ.... එතකොට ඒ ගාථාව දේශනා කළේ කවුද? ශක්‍ර දේවේන්ද්‍රයා. ශක්‍ර දේවේන්ද්‍රයා දෙව් පිරිස පිරිවරාගෙන, දිව්‍ය බ්‍රහ්මයන් පිරිවරාගෙන මේ ගාථාවල් කියන්නේ.

ශක්‍ර දේවේන්ද්‍රයා සාමාන්‍යයෙන් අහසේ සිටලා වන්දනා කරන්නේ නෑ. සහම්පතී බ්‍රහ්මරාජයත් අහසේ සිටලා වන්දනා කරන්නේ නෑ. එතකොට ඒ දෙවිවරු බිමට ඇවිල්ලා, පොළොවේ දණ ගහගෙන, එක දණ මඬලක් පොළොවේ ගසාගෙන, අනෙක් දණ මඬල ඔසවාගෙන, දෑත ඔසවාගෙන නළලේ තියාගෙන මේ ගාථා කියන්නේ.

ඊට පස්සේ දෙවැනි ගාථාව කියනවා. **(යානීධ භූතානි සමාගතානී, භුම්මානි වා යානි ව අන්තලික්ඛේ)** භූමාසස්ථව හෝ (අන්තරීක්ෂව) අහසෙහි සිටින්නා වූ යම් භූත පිරිස් ඇද්ද, **(තථාගතං දේවමනුස්ස පූජිතං)** මේ දෙව් මිනිසුන් පුදන ලද්දා වූ තථාගතයන් වහන්සේ වැඩඉන්නවා. **(ධම්මං නමස්සාම සුවත්ථි හෝතු)** අපි මේ උතුම් ධර්මය වන්දනා කරමු. දැන් මේ බුදුරජාණන් වහන්සේගේ මෙත් සිත ගැන මේ කියවෙන්නේ. ඊළඟට ධර්මය ගැන කියවෙන්නේ. **(ධම්මං නමස්සාම සුවත්ථි හෝතු)** ඒ නවලෝකෝත්තර ශ්‍රී සද්ධර්මය අපි වන්දනා කරමු. එයින් ලැබෙන පිනෙන් සෙත් වේවා!

ඊළඟට කියනවා **(යානීධ භූතානි සමාගතානී, භුම්මානි වා යානි ව අන්තලික්ඛේ)** අහසේ හෝ පොළොවේ භූත පිරිස රැස්වෙලා ඉන්නවා නම්, ඒ රැස් වෙලා ඉන්න භූත පිරිසටයි මේ කියන්නේ. මොකක්ද කියන්නේ? **(තථාගතං දේවමනුස්සපූජිතං)** දෙව් මිනිසුන් විසින් පුදන ලද්දා වූ තථාගතයන් වහන්සේ මේ වැඩඉන්නේ. **(සංඝං නමස්සාම සුවත්ථි හෝතු)** ඒ ආර්ය සංඝයාට අපි වන්දනා කරමු. මෙයින් ලැබෙන පිනෙන් සැමටම සෙත් වේවා!

අර්ථය තේරුම් අරගෙන සජ්ඣායනා කරන්න...

එතකොට දැන් බලන්න... මේ රතන සූත්‍රය අහනකොට ඔබට හිතුණේ මොකක්ද? මේක ලස්සනයිනේ... කොච්චර අර්ථවත්ද? මොනතරම් මේක අර්ථ වශයෙන් තේරුම් අරගෙන සජ්ඣායනය කරන කෙනෙකුට කොච්චර නම් පින් රැස් කරගන්න පුළුවන්ද? දැන් මේකට අපි භය

වුණොත් "හා... හා... මේ භූතයෝ..." කියලා... හැබැයි මෙහෙම වෙන්න පුළුවන්.

සමහර අය රතන සූත්‍රය කියද්දි, නීච තත්වයේ ඉන්න භූතයින් ඉන්නවනේ... ඔය එක එක භූත වර්ග. ආටානාටිය සූත්‍රයේ තියෙන්නේ නීච අයත් ඉන්නවා කියලා. 'නීච යක්ඛා' ඉන්නවා. 'මජ්ඣිමා යක්ඛා' ඉන්නවා. 'උළාරා යක්ඛා' ඉන්නවා. උළාර කිව්වේ උදාර වූ, බලසම්පන්න වූ කියන අර්ථයෙන්. මධ්‍යම ප්‍රමාණයේ අය ඉන්නවා. නීච අයත් ඉන්නවා. ඔය ගෙවල්වල වැඩිපුරම ඉන්නේ කවුද? නීච අය.

රතන සූත්‍රය කියන්න ඕන මෙත් සිතින්මයි...

එතකොට නීච අය කැළඹෙන්න මොකක්ද කරන්න ඕන? මේකමයි කියන්න ඕන. සංසිඳෙනකම්ම දිගින් දිගටම රතන සූත්‍රයම කියන්න ඕන. එකපාරක් කිව්වාම කැලඹෙනවා නම් ඒක නොනවත්වා වීරියෙන් යුක්තව මෙත් සිතින් කියන්න ඕන. දැන් මේක මෛත්‍රියෙන් කරන්න ඕන. තරහ අරගෙන කළොත් වරදිනවා. මෛත්‍රියෙන්ම කියන්න ඕන. ආයෙත් මෛත්‍රියෙන්ම කියන්න ඕන. ආයෙ ආයෙමත් මෛත්‍රියෙන්ම කියන්න ඕන.

එතකොට මොකද වෙන්නේ? අරගොල්ලන්ට හිතෙනවා අපි මේක නවත්වන්න ඕන. මේ අයට හිරිහැර පීඩා කළාට මේ අයගේ තරහක් නෑ. මේ අය අහිංසකයි. මේ අය තරහ සිතින් නෙවෙයි මේක කියන්නේ. මේක කියන්නේ අහිංසක සිතින්. ඔන්න අත්හදා බලන්න හොඳ එකක්. අත්හදා බලන්න කියන්නෙ සැක කරන්න කියන එක නෙවෙයි. අහිංසක සිතින් මේක කරන්න තියෙන්නේ.

හිතේ අධිෂ්ඨානය තියාගන්න...

එතකොට අහිංසක සිතින් මේක කරන කොට මොකද වෙන්නේ? අහිංසක සිතින් මෙයා මේක කළාට මෙයාගේ හිතේ තියෙන්නේ කොහොමද? 'මනසින් දැඩි කොට' හිතේ අධිෂ්ඨානය තියෙනවා. හැබැයි අහිංසකයි. 'ඒ ඇත්තන්ට කරදර කරන්න ඕනේ. විනාශ කරන්න ඕන. දූරිංභූත කරන්න ඕන' කියලා ද්වේෂ සහගත සිත ගන්නේ නැතිව මෛත්‍රියෙන් යුක්තව ඔන්න එකවරක් අර්ථ වශයෙන් සිහි කළා. පාළියෙන් කිව්වා, සිංහලෙන් කිව්වා. ආයෙත් පාළියෙන් කිව්වා, සිංහලෙන් කිව්වා. ඉතින් මෙහෙම කියාගෙන යනවා. ඊට පස්සේ ඔන්න ආයෙත් කියාගෙන යනවා. දැන් ඔන්න කරදරයි. ආයේ කියනවා. තව කරදරයි. ආයෙමත් කියනවා.

අසිරිමත් සම්බුදු බලය...

ඔහොම කියාගෙන කියාගෙන යනකොට මොකද වෙන්නේ? ඇයි මේකේ අර්ථ දන්නවනේ.... මේකේ කරන්නේ මොකක්ද මෙයා? මෛත්‍රියමයි කරන්නේ. දැන් එතකොට තෙරුවන් සරණ ගිය ශ්‍රාවකයෙක් බුදු ගුණ කිය කියා මෛත්‍රී කරනවා. දහම් ගුණ කිය කියා මෛත්‍රී කරනවා. සඟ ගුණ කිය කියා මෛත්‍රී කරනවා. මේ මෛත්‍රිය මුලින්ම කළේ කවුද? එහෙමනම් මේකේ බලය තියෙනවා. මේ මෛත්‍රිය මුලින්ම කළේ බුදුරජාණන් වහන්සේ. එහෙනම් බුදුරජාණන් වහන්සේ සාරාසංඛ්‍ය කල්ප ලක්ෂයක් මුළුල්ලේ පුරන ලද පාරමී බලයෙන් යුක්තව මේ මහ පොළොව දස දහසක් ලෝක ධාතු කම්පා කරවමින් අවබෝධ කරගත්තු සම්බුදු බලය මේකෙ තියෙනවා.

එහෙනම් එයා මොකද කරන්න ඕන? මේකම නිතරම කියන කොට ඔන්න ඒගොල්ලන්ගෙත් හිත පහදිනවා. ඉන්න බැරි අය අයින්වෙලා යනවා. ඇයි හිංසා කරන අයට, බාධා කරන අයට ඉන්න පුළුවන්ද? ඇයි ඒගොල්ලන්ගෙනේ වැරැද්ද. හිංසා කරපු, බාධා කරපු අය 'අපට බෑ මේකේ ඉන්න. අපි යනවා යන්න' කියලා අයින් වෙලා යනවා. එතකොට පිං ඇති අය, ඉෂ්ට දේවතාවරු, ධර්මයට කැමති අය, ගුණධර්මවලට කැමති අය, හිතවත් අය, මෙත් සිතට කැමති අය ළං වෙනවා. අන්න සිරියාව ඇතිවෙනවා ගෙවල් දොරවල්වල. සමගිය ඇතිවෙනවා. සහනය ඇතිවෙනවා. ලෙඩදුක් අඩුවෙනවා. අර්බුද අඩුවෙනවා. ඔන්න සුවසේ කටයුතු කරගෙන යන්න හැකිවෙනවා.

ධර්මය තුළින් ගොඩනැගුණු ආනුභාවය...

හැබැයි මෛත්‍රී භාවනාවක් හැටියටයි මේක කරන්න ඕනේ. මෛත්‍රියෙන්මයි කරන්න ඕන 'අනේ මට හිංසා කරන්න එපා.... මම මේක මෛත්‍රියෙන්මයි කරන්නේ...' කියලා මෙත් සිතින්ම මේක කරගෙන යන්න ඕන. එතකොට හිංසා කරන අය, වෛර කරන අය, ද්වේෂ කරන අය ඔක්කෝම වීසිවෙලා යනවා. බලන්න බුදුරජාණන් වහන්සේගේ දේශනාවල තියෙන ආනුභාවය.

මොකක්ද මේ ආනුභාවය? බුදුරජාණන් වහන්සේගේ මේ ආනුභාවය තියෙන්නේ ආයුධවලින් ගත්තු ආනුභාවයක්ද? නෑ. යම්කිසි මැර බලයකින් ගත්තු ආනුභාවයක්ද? නෑ. උන්වහන්සේ ඉර්ධි බලය පාවිච්චි කරලා, ගරහලා ඇති කරගත්තු ආනුභාවයක්ද? නෑ. දැන් මේ හැමතැනම ඉර්ධියක් හැටියට කතා කරලා

තියෙන්නේ ධර්මයෙන් ඇති වෙන ඉර්ධියක් නේද? දැන් මේකේ තියෙනවා යම්කිසි ප්‍රාතිහාර්යයක්. මේ ප්‍රාතිහාර්ය තනිකරම බුදුරජාණන් වහන්සේ තුළ ගොඩනැගුණු ධර්මය තුළ, ඊළඟට බුදුරජාණන් වහන්සේ විසින් දේශනා කරන ලද්දා වූ ධර්මය තුළ, ශ්‍රාවක සංඝයා තුළ තිබෙන්නා වූ ධර්මය තුළ තිබෙන්නා වූ ප්‍රාතිහාර්යයක්.

ජීවිතයට සැපත උදා කරගන්න...

හොඳට තිසරණයේ පිහිටලා, පන්සිල් ආරක්ෂා කරලා ගෙවල් දොරවල් හොඳට සුද්ධ පවිත්‍ර කරලා එහෙම මේක කරන්න ඕන. මුලින් බාධා එයි කෙළවරක් නැතිව මේක කඩාකප්පල් කරන්න. ඇයි අරගොල්ලන්ගේ බලයනේ තියෙන්නේ. නමුත් මෙත් සිත පවත්වාගෙන මේක කරන කොට... කරන කොට... අර බාධාවන් ඔක්කෝම සහනයකට පත්වෙලා මෙයාට ශාන්ත වාතාවරණයක් ඇතිවෙනවා. ශාන්ත පරිසරයක් ඇතිවෙනවා. මෙයා සුවපත් වෙනවා. සමහරවිට මේක විසි එක් පාර කියන්න වෙයි. සමහර කෙනෙකු සියවතාව කියන්න වෙයි. එහෙම කරන කොට පුදුම විදිහට සහනයක්, සැපතක් මේකෙන් උදාවෙනවා.

සැබෑ බසින් මෙම සෙත සැලසේවා...!

ඇයි මේකෙ කියනවානේ දෙවියන්ට කියනවා, පුද පූජා පවත්වනවා... පිං දෙනවා... ඒ පිරිසව අහක දාන්න එපා... ඒ අයව අත්හරින්න එපා... ඒ අයව ආරක්ෂා කරන්න කියලා බුදුරජාණන් වහන්සේ අඬගහලා කියනවානේ. ඊළඟට මෙත් සිත පතුරුවන කොට ශක්‍රදෙවියෝ අර දෙවියන් පිරිවරාගෙන වඩිනවනේ. දැන් අපි ඔක්කෝම එකතුවෙලා අර ශක්‍ර දෙවියෝ වඩින ගාථාවත් කියන කොට

එතකොට අරගොල්ලන්ට හිතෙනවා 'එදා බුදුරජාණන් වහන්සේට දෙව් පිරිස ප්‍රශංසා කරලා රැස් කරපු පිනෙන් මෙත් වැඩුවා. ඒ ගාථාවත් අනේ මේ අහිංසක අය කියනවනේ...' කියලා. ආන්න එහෙමයි හිතෙන් අහිංසක වෙලා මිසක් මේක හිතට අරගෙන නෙමෙයි කරන්න තියෙන්නේ. ඉතින් ඒ විදිහට අපි සියලු දෙනාටම තුනුරුවන්ගේ ආශිර්වාදය සැළසේවා!

සාදු! සාදු!! සාදු!!!

නමෝ තස්ස භගවතෝ අරහතෝ සම්මාසම්බුද්ධස්ස
ඒ භාග්‍යවත් අරහත් සම්මා සම්බුදුරජාණන් වහන්සේට නමස්කාර වේවා!

03. කරණීය මෙත්ත සූත්‍රය

(සුත්ත නිපාතය - උරග වර්ගය)

ශ්‍රද්ධාවන්ත පින්වත්නි,

අද අපි ඉගෙන ගන්නේ සුත්ත නිපාතයට අයත් දේශනාවක්. මේ දේශනාව ඔබට හොඳට අහලා පුරුදුයි. සමහර විට ඔබේ ගෙදර නිතර සජ්ඣායනා කෙරෙනවා. ඒ තමයි කරණීය මෙත්ත සූත්‍රය.

බුද්ධ කාලයේ භික්ෂූන් වහන්සේලා සමූහයක් බුදුරජාණන් වහන්සේගෙන් උපදෙස් අරගෙන වස් කාලය ගත කිරීමට හිමාල පර්වත ප්‍රදේශයට පිටත් වුණා. එතකොට ඒ ස්වාමීන් වහන්සේලාට හම්බ වුණා බොහොම ලස්සන රමණීය වනාන්තරයක්. එතකොට වස් කාලෙදි මේ ස්වාමීන් වහන්සේලාට අවසර තිබුණා තමන්ට කැමති නම් තමන්ටම වුණත් කුටියක් හදාගෙන ඉන්න. ඉතින් මේ රමණීය වනාන්තරය මේ ස්වාමීන් වහන්සේලාගේ සිත් ගත්තා. ඉතින් උන්වහන්සේලා මේ වනාන්තරයට ගිහිල්ලා

බැලුවා. "ආ... කිට්ටුව පහළ ගමක් තියෙනවා. එතකොට ගමට පිණ්ඩපාතයේ වඩින්න පුළුවන්. ලස්සන ගංගාවක් ගලනවා... නාන්න පුළුවන්. එතකොට කිසි කරදරයක් නැතුව තමන්ට බණ භාවනා කරගන්න පුළුවන්." දැන් උන්වහන්සේලාගේ අපේක්ෂාව වුණේ වස් කාලය තුළ තමන්ගේ භාවනාව දියුණු කරගන්නයි.

දැන් මේ ස්වාමීන් වහන්සේලා ඔන්න ඉස්සෙල්ලාම වැඩම කරලා ගමට ගියා. ගමේ මිනිස්සු පැහැදුණා. ඊට පස්සේ මිනිස්සුන්ටත් කිව්වා, "පින්වත්නි, අපි මේ වස් කාලේ තුළ මේ ප්‍රදේශයේ අර අසවල් වනාන්තරයේ තමයි වස් වසලා ඉන්න හිතාගෙන ඉන්නේ..." මිනිස්සු බොහොම සතුටු වුණා.

හැබැයි ඒ වනාන්තරයේ වෘක්ෂයන්ට අධිගෘහිත වෙලා හිටියා දෙවිවරු. වෘක්ෂ දේවතාවරු. දැන් අපි දන්නවානේ.... නොයෙක් දිව්‍ය ලෝක තියෙනවා කියලා. භූමාටු දෙවිවරු ඉන්නවා. භූමාටු කියන්නේ පොළොව ආශ්‍රිත දෙවිවරු ඉන්නවා. වෘක්ෂ දෙවිවරු... ඒ කියන්නේ ගස් ආශ්‍රිතව දෙවිවරු ඉන්නවා. චාතුම්මහාරාජික සතරවරම් දෙවිවරු ඉන්නවා. තව්තිසා දෙවිවරු ඉන්නවා. තුසිත දෙවිවරු ඉන්නවා. මේ ආදී වශයෙන් හරියට විවිධ දිව්‍ය ලෝක තියෙනවා.

ඉතින් ඒ ප්‍රදේශයේ වෘක්ෂයන්ට අරක්ගෙන දෙවිවරු හිටියා. එතකොට ඒ කවුරුහරි කරන ලද යහපත් පින්වලින් තමයි, දෙවිවරු වෙලා තියෙන්නේ. හැබැයි ඒ දෙවිවරුන්ටත් බුදුදහම ගැන එච්චර අවබෝධයක් නෑ.

දැන් මේ ස්වාමීන් වහන්සේලා ගිහින් ගස් යට භාවනා කරද්දී ස්වාමීන් වහන්සේලාගේ සීලාදී ගුණධර්ම

බලය නිසා අර දෙවිවරුන්ට ගස්වල ඉන්න බැරිවුණා. එතකොට ඒ දෙවිවරු කල්පනා කළා, "මේ ගස්වල ඉන්න අපිට අද අමාරුයි.... මේ ස්වාමීන් වහන්සේලා සමූහයක් වනාන්තරයට වැඩම කරලා තියෙනවා.... කමක් නෑ... හෙට වඩීවි. ඊට පස්සේ අපි ආයේ මේ ගස්වලට අරක් ගනිමු" කියලා.

මේ ස්වාමීන් වහන්සේලා පිණ්ඩපාතේ වැඩම කළාට පස්සේ දෙවිවරු ගාණක් නැතිව ගස්වලින් අයින් වෙලා හිටියා. මේ ස්වාමීන් වහන්සේලා වනාන්තරයට වැඩලා දැන් රෑ කතාවෙනවා "දැන් අපි මේ තුන් මාසයේ මෙතන ඉමු. මෙතන හරිම ෂෝක්. හරි රමණීයයි. අපට නිදහසේ ඉන්න පුළුවන් මෙතන." එතකොට මේවා ඔක්කොම අහගෙන ඉන්නවා අර දෙවිවරු.

ඒ දෙවිවරු කල්පනා කළා, "අපෙ අප්පෝ...! හරි වැඩේ! මාස තුනක් අපට ඉඳුම් හිටුම් නැත! අපි මේ අරක්ගත්තු ගස්වලින් දැන් බහින්න වෙලා ඉන්නේ... දැන් මුන්වහන්සේලා මෙහෙ මාස තුනක්ම නවතිනවා...." තව සමහර දෙවිවරු දැනගත්තා, "මේ මාස දෙක තුන ඉඳලා මේක හිතට අල්ලලා ගියොත්, දිගටම ඉන්නත් බැරි නෑ. එහෙම වුණොත් එහෙම අපිට යන එන මං නැත!"

දෙවිවරුන්ට කොහොම හරි ඕන වුනේ තමන්ගේ විමානේ රැකගන්නයි. (එතකොට මිනිස්සු වගේමයි.) විමානෙ රැකගන්නයි දැන් ඕන වුණේ...

මේක ස්වාමීන් වහන්සේලා දන්නෙ නෑ. ස්වාමීන් වහන්සේලා පළවෙනි දවසේ භාවනා කරන්න පටන් ගත්තා. අමුතු ශබ්ද එනවා... ඇයි දෙවිවරු ඔක්කොම කතා වුණා "මේ වැඩේ හරියන්නෙ නෑ... අපි මේ ස්වාමීන්

වහන්සේලා ඉක්මනින් මෙතනින් පන්න ගනිමු" කියලා. එතකොට වස් කාලෙ ආවා. වස් කාලෙ ආවට පස්සේ වස් වසන්න ඕන. වස් වැසුවේ තනියමත් නෙවෙයි, පිරිසක්.

ඔන්න එක ස්වාමීන් වහන්සේ නමක් අනිත් ස්වාමීන් වහන්සේලා ළඟට ඇවිල්ලා කියනවා, "මට හරි වැඩක් වුණානේ... රෑ කවුදෝ ඇවිල්ලා බෙල්ල මිරිකුවා..." තව එක්කෙනෙක් කියනවා, "මමත් මේ නොකියා හිටියේ... මාවත් ඇදලා දැම්මා..." ඊළඟ ස්වාමීන් වහන්සේ කියනවා, "මට පේන්නම ආවා... මං මේ නොකියා හිටියේ...."

දැන් එක්කෙනා දෙන්නා ස්වාමීන් වහන්සේලා කියන්න ගත්තා. "අපි මේ භයානක තැනකට ඇවිල්ලා ඉන්නේ... අපිට අමනුස්සයන්ගෙන් මහා කරදර ගොඩක්...!" දැන් උන්වහන්සේලාගේ හිත භය වුණා. වස් වසලා නිසා යන්නත් බෑ. භය වෙන දේවල් නිසා භාවනා කරන්නත් බෑ.

දැන් ඉතින් බොහොම අමාරුවෙන් පිරිස එකතුවෙලා පොඩ්ඩක් භාවනා කරගන්නවා. නමුත් හරි විදිහට කිසිම බණ භාවනාවක් කරගන්න පුළුවන් වුණේ නෑ. වස් කාලේ ඉවර වුණා. ඊට පස්සේ සඟ පිරිස කතාවෙලා කිව්වා "අපි මේක ගිහිල්ලා බුදුරජාණන් වහන්සේට කියමු. අපේ ගමන එහෙම්මම අසාර්ථකයි. අපේ උත්සාහය එහෙම්මම අසාර්ථකයි. අපට මොකුත් කරගන්න බෑ. එක එක්කෙනා භය වෙනවා. කිසි දෙයක් කරගන්න බෑ..." කියලා.

බුදුරජාණන් වහන්සේ ළඟට මේ ස්වාමීන් වහන්සේලා ආපහු වැඩියා. වඩින කොට තිබිච්ච ලස්සන නෑ... ඒ සිරියාව නෑ... ඇයි නින්දක් නෑ... භයේ ගැහී

ගැහීනේ හිටියේ. ඉතින් සඟ පිරිසත් අහන්න ගත්තා, "මොකද මේ ඇදිලා ගිහිල්ලා.... ලෙඩ වෙලා.... හාමතේ... කටුගැහිලා ගිහිල්ලා...?" කියලා.

බුදුරජාණන් වහන්සේ ළඟට ගිහිල්ලා කිව්වා, "ස්වාමීනී, භාග්‍යවතුන් වහන්ස, අපි මේ විශාල කරදරයකට පත්වුණා. අපට අමනුෂ්‍යයෝ ඇවිල්ලා හරියට හිංසා පීඩා කළා. අපට බේරෙන්න විදිහක් නෑ" කියලා. බුදුරජාණන් වහන්සේ වදාළා, "මහණෙනි, ඒ අමනුෂ්‍ය කොටසක් නොවෙයි, දෙවිවරු. ඒ වෘක්ෂ දේවතාවරු. ඒ දෙවිවරු භය වුණා ඔබ එතන දිගටම රැඳී ඉඳියි කියලා. හැබැයි ඔබට ධර්මය අවබෝධ කරන්න තියෙන්නෙත් එතනමයි. ගුටි කාපු තැනමයි අවබෝධ කරන්න තියෙන්නේ.... ආපහු එතනටම වඩින්න. ගිහින් හොඳට මේ ගාථා වලින් මෛත්‍රිය සජ්ඣායනා කරන්න. ඊට පස්සේ මේ උගන්වන විදිහට මෛත්‍රී භාවනාවත් දියුණු කරගන්න. එතකොට පුළුවන් වෙයි" කියලා.

ඒ ස්වාමීන් වහන්සේලා පිටත් වුණාට පස්සේ අර දෙවිවරු ආපහු හනිකට ගිහින් අර වෘක්ෂයන්ගේ තිබුණ තමන්ගේ විමාන අරක් ගත්තා. මෙන්න ආයෙමත් ස්වාමීන් වහන්සේලා වඩිනවා.... මං හිතන්නේ එදා දෙවිවරු හොඳටම භය වෙන්න ඇති.

එදා ස්වාමීන් වහන්සේලා වැඩම කරලා කරණීය මෙත්ත සූත්‍රය සජ්ඣායනා කළා. (සජ්ඣායනා කරනවා කියන්නේ හැමෝම එකට හඬ නගලා කිව්වා.) එතකොට ඒ කරණීය මෙත්ත සූත්‍රය කියද්දී, කියද්දී අර දෙවිවරුන්ගේ හිතට ඇතුල් වෙන්න පටන් ගත්තා, "අනේ.... මේ අපට හිංසා කරන්න ආපු පිරිසක් නොවෙයි. අපට කරදර කරන්න ආපු පිරිසක් නොවෙයි. මුන්වහන්සේලාගේ

ඇසුර නිසා, අපටත් සෑහෙන්න පිනක් කරගන්න පුළුවන්" කියලා.

දැන් ස්වාමීන් වහන්සේ උදේ පාන්දර කරණීය මෙත්ත සූත්‍රය සජ්ඣායනා කරනවා. රාත්‍රියටත් සජ්ඣායනා කරනවා. දවල්ටත් සජ්ඣායනා කරනවා. තුන් වරුවටම සජ්ඣායනා කරනවා. ටික ටික අර දෙවිවරුන්ගේ අමනාපකම් නැතිවෙලා ගියා. උන්වහන්සේලා කැමති වුණා ස්වාමීන් වහන්සේලා වෙනුවෙන් අර වෘක්ෂයන් ගෙන් බැහැලා ඉන්න.

බලන්න... දෙවිවරු කොච්චර වෙනස් වුණාද කියලා. ඔන්න අර ස්වාමීන් වහන්සේලා පිඬු සිඟා වැඩලා එනකොට සම්පූර්ණයෙන්ම පාරවල් අතුගාලා... වතුර භාජනවල පැන් පුරවලා... හැමතැනම සුවඳ හමනවා... එතකොට මොකක්ද මේ වුණේ? කලින් තිබුණේ මේකේ අනිත් පැත්ත. හැමතැනම අසුචි ගඳ. හැමතැනම ගස් කොළන් කඩා වැටිලා. දැන් මේකේ අනිත් පැත්ත.

ඒ දෙවිවරු මේ ස්වාමීන් වහන්සේලාට උපස්ථාන කරන්න පටන් ගත්තා. උපස්ථාන කිරීම හේතුවෙන් ඒ ස්වාමීන් වහන්සේලාට හිතුණා 'දැන් අපිට ආරක්ෂාවක් තියෙනවා' කියලා. ඇයි අර කලින් තිබූ අසූචි ගඳ නෑ. භය වෙන ඒවා නෑ. අතින් පයින් අදින ඒවා නෑ. භූතයෝ පේන ඒවා නෑ. කෑ ගහන ඒවා නෑ. බෙල්ල මිරිකන ඒවා නෑ. දැන් ඒ ස්වාමීන් වහන්සේලා හරි සතුටින් මෛත්‍රී භාවනාව කරන්න පටන් ගත්තා. දැන් බලන්න.... මේ බුදුරජාණන් වහන්සේ ජීවමානව වැඩසිටිද්දී සිදුවෙච්ච දේවල්.

ඊට පස්සේ ඒ ස්වාමීන් වහන්සේලා මෛත්‍රිය මුල්කරගෙන සමාධිය දියුණු කළා. ඒ මෛත්‍රී සමාධිය

විදර්ශනාවට හරවලා උන්වහන්සේලා ආර්ය අෂ්ටාංගික මාර්ගය සම්පූර්ණ කළා. උතුම් අරහත්වයට පත්වුණා.

ඒ කරණීය මෙත්ත සූත්‍රයයි දැන් අපි ඉගෙන ගන්නේ. 'කරණීය' කියන්නේ කළ යුතු. මෛත්‍රී කිරීම ගැනයි තියෙන්නේ. මෛත්‍රී කිරීම ගැන මේ දේශනාව බුදුරජාණන් වහන්සේ විශේෂයෙන්ම වදාළේ කාගේ පැහැදීමටද? අර නොමග ගිය දෙවිවරුන්ට චිත්තප්‍රසාදය ඇතිකර දෙන්නයි. එහෙනම් කරණීය මෙත්ත සූත්‍රය කීමෙන් දෙවියන් කිපෙනවාද? පහදිනවාද? පහදිනවා. කරණීය මෙත්ත සූත්‍රය කීමෙන් දෙවියන් පහදිනවා. රතන සූත්‍රය කීමෙන් දෙවියන් පහදිනවා. මොකද, රතන සූත්‍රයේ තියෙන්නෙත් මෛත්‍රිය. දම්සක් පැවතුම් සූත්‍රය කීමෙනුත් දෙවියන් පහදිනවා.

සමහර අවස්ථා ඇවිල්ලා තියෙනවා, සංසාරගත වෛරක්කාරයෝ ඉන්නවනේ... ඉතින් තමන් මේ ජීවිතයේ මනුස්ස ලෝකයේ ඉන්නවා. තමන් එක්ක හිටපු කෙනෙක් කලින් ජීවිතයක මැරිලා වෛර බැඳගෙන අමනුස්ස ලෝකයේ ඉන්නවා. මනුෂ්‍ය ලෝකයේ ඉපදුන කෙනා සීලාදී ගුණධර්ම රකින කොට අන්න එයාට අහුවෙනවා. එතකොට පන්නගෙන ඇවිල්ලා මෙයාට කරදර කරනවා. ඒවා වෛරයනේ... ඒ වගේ අවස්ථාවල මොකද කරන්නේ?

දවසක් බුදුරජාණන් වහන්සේ ගිජ්ඣකූට පර්වතයේ වැඩසිටිද්දී වෛශ්‍රවණ දිව්‍යරාජයා පැමිණුනා. පැමිණිලා බුදුරජාණන් වහන්සේට කියා සිටියා, "භාග්‍යවත් බුදුරජාණන් වහන්ස, බොහෝ අමනුස්සයෝ, යක්ෂයෝ, යක්ෂ පැටව්, යක්ෂණියෝ භාග්‍යවතුන් වහන්සේට කැමති නෑ. උන්දෑලාට පැහැදීමක් නෑ. පැහැදිලා නැත්තේ මොකද?

පංච ශීලය නෑ. පංච ශීලයෙන් තොරයි. ඒගොල්ලෝ භාග්‍යවතුන් වහන්සේ කෙරෙහි විරුද්ධ වෙලා ඉන්නවා.

භාග්‍යවතුන් වහන්සේ ප්‍රාණඝාතයෙන් වැළකීම පිණිස ධර්මය දේශනා කරනවා. සොරකම් කිරීමෙන් වෙන්වෙලා වාසය කිරීමට ධර්මය දේශනා කරනවා. කාමයේ වරදවා හැසිරීමෙන් වෙන්වී වාසය කරන්න බණ කියනවා. බොරුවෙන් වෙන්වී වාසය කරන්න බණ කියනවා. මත්පැන්, මත්ද්‍රව්‍ය භාවිතයෙන් වෙන්වී වාසය කරන්න බණ කියනවා. හැබැයි උන්දැලා ඒවා කරනවා.

ඒ කියන්නේ ඒගොල්ලෝ මිනිස්සු හරහාත් මේවා කරවනවා. එතකොට විරුද්ධයි. ඒ විරුද්ධ නිසා භික්ෂු, භික්ෂුණී, උපාසක, උපාසිකා කියන ඔබවහන්සේගේ ශ්‍රාවකයන්ට ඒගොල්ලන්ගෙන් කරදර, විපත් වෙන්න පුළුවන්. එවැනි අවස්ථාවලදී ඒගොල්ලන්ගෙන් ඒ කරදර, විපත්වලින් බේරගන්න මෙන්න මේ ආරක්ෂක පිරිත කියන්න" කියලා ආටානාටිය පිරිත කියා දුන්නා.

ඉතින් බුදුරජාණන් වහන්සේ සංඝයා රැස්කරලා පහුවෙනිදා සංඝයාට කියා සිටියා "මෙන්න මේ ආටානාටිය පිරිත ආරක්ෂා සහිතයි. ආරක්ෂාවක් තියෙනවා. ඒක කියන්න" කියලා.

අපට දැනගන්න ලැබෙනවා සමහර අවස්ථාවලදී අමනුස්සයෝ ඒ වගේ ඇවිල්ලා ඇඟවල්වලට වැහිලා යන්නේ නැතුව කරදර කරද්දී ආටානාටිය සූත්‍රය කියන විට ඒ අමනුෂ්‍යයෝ ඇඟෙන් ගිහින් තියෙනවා.

මෙහෙ වෙන්නේ ඇඟවල්වලට වැහෙන එකනේ. ඉන්දියාවේ ඔක්කොම එකට කාලාබීලා ඉන්නවා. ඇඟවල්වලට අමුතුවෙන් වැහෙන්න දෙයක් නෑ. ඒතරම්ම

දූන් ඉන්දියාව පුරා අමනුෂ්‍ය බලයක් තියෙනවා. හිතා ගන්න බෑ. සාමාන්‍ය මිනිස්සු විදිහට ඇවිල්ලා දවල්ටත් පේන්නම කතාකරනවා. මෙහෙ එච්චර දරුණුවට නෑනේ... එතකොට එවැනි අවස්ථාවලදී තමයි ආටානාටිය පිරිත දේශනා කරන්න කියලා සඳහන් වෙන්නේ.

මේ කියන කරණීය මෙත්ත සූත්‍රය හැමතිස්සේම තමන්ගේ ජීවිතය ආරක්ෂා වීම පිණිස උදව් වෙනවා. මෛත්‍රිය ගැන බුදුරජාණන් වහන්සේ එකතැනකදී උපමාවකින් මෙහෙම කියනවා. ඒක මේ වගෙයි. හැඩි දැඩි පුරුෂයෙක් ඉන්නවා. එයා ගිහින් දෙපැත්තම හොඳට මුවහත තියෙන කඩුවක් අතින් මිරිකන්න යනකොට ඒක කරන්න එයාට පුලුවන්ද කියලා අහනවා. හොඳට මුවහත තියෙන කඩුවක් අතින් තදකරන්න යනකොට තමන්ගේ අතමයි කැපෙන්නේ. අන්න ඒ වගේ තමයි හොඳට මෛත්‍රිය වැඩුවොත්. අමනුස්සයන් කරදර, හිරිහැර කරන්න ආවොත් හිරිහැර කරන්න එන කෙනාමයි ගුටිකන්නේ. හිරිහැර කරන්න එන එක්කෙනාම ගුටිකනවා මිසක් මෛත්‍රිය කරන කෙනාට ඒ හිරිහැරය වෙන්නේ නෑ.

සමහර අවස්ථාවල පෙරභවයේ කෙනෙක් සම්බන්ධ වුණොත් බේරෙන්න අමාරුයි. පෙර භවයේ මොකක් හරි ක්‍රියාවකින්නේ පස්සෙන් එන්නේ... මේ නිසා එවැනි දේ ලෝකයේ තියෙනවා.

ඊළඟට බුදුරජාණන් වහන්සේ පෙන්වා දෙනවා මෛත්‍රියෙන් සිද්ධ වෙන දේවල්. (**සුඛං සුපති**) හොඳ නින්දක් ලබයි. හොඳට නිදියයි. (**සුඛං පටිබුජ්ඣති**) සැපසේ අවදිවෙයි. (**න පාපකං සුපිනං පස්සති**) පව් සිහින නොදකියි. (**මනුස්සානං පියෝ හෝති**) මිනිස්සුන්ට ප්‍රිය වෙයි. (**අමනුස්සානං පියෝ හෝති**) අමනුස්සයන්ට ප්‍රිය

වෙයි. බලන්න එතකොට උන්වහන්සේ මිනිස්සු කියලා පිරිසකුත් පෙන්වනවා, අමනුස්සයෝ කියලා පිරිසකුත් පෙන්වනවා. **(දේවතා රක්ඛන්ති)** දෙවියෝ ආරක්ෂා කරයි. එහෙනම් දෙවියන්ගේ ආරක්ෂාවත් මනුස්සයන්ට තියෙනවා.

මට දැන් මතක් වුණා එහෙම කියන කොට..., මං අර කිව්වේ බුද්ධගයාවේ පොඩි දරුවෝ ඉන්නවා කියලා. මේ ළමයි දවසක් හවස අසපුවට එද්දී බල්ලෝ වගයක් බුරාගෙන ඇවිල්ලා. දැන් මේ ළමයින්ට කරන්න දෙයක් නෑ. අසරණ වෙලා. මේ ළමයි කෑ ගහලා කියලා, '**විරූපක්ඛේහි මේ මෙත්තං - මෙත්තං ඒරාපථේහි මේ...**' කියලා. අපේ ළමයිට එයිද ඒ මොළේ?

ඒ ලොකු පුතා තමයි කෑ ගහලා කියලා තියෙන්නේ. අපට දැන් කරගන්න දෙයක් නෑ. අපි දැන් පිරිත් කියමු කියලා. ඛන්ධ පිරිත කෑ ගහලා කියන කොට අර බල්ලො ටික ආපහු හැරිලා ගිහිල්ලා. ඊට පස්සේ මට ඇවිල්ලා කියනවා "ස්වාමීනී, මේක හරි සත්‍යයක්. මේ ධර්මයේ හරි සත්‍යයක් තියෙනවා. (ඛන්ධ පිරිත කියන නම දන්නවා...) අපි ඛන්ධ පිරිත කියන කොට බුරාගෙන ආපු බල්ලො ආපහු හැරුණා..." බලන්න එතකොට ඒ පොඩි දරුවට මතක් වෙච්ච මතක්විල්ල අපේ මෝරපු කෙනෙකුට මතක් වෙයිද කියලා... ඉතින් මට හිතුණා මේ ඉන්දියාවේ උපදින අයට යම්කිසි පුණ්‍ය බලයකුත් තියෙනවා කියලා. නමුත් ඉතින් ධර්මය නැතිවීම තමයි ප්‍රශ්නය..

ඉතින් මේ නිසා මේ මෛත්‍රියේ ලොකු දෙයක් තියෙනවා. ඒ නිසා හිතන්න එපා මෛත්‍රිය වැඩුවාම තමාගේ හිත සුවපත් කරන්න විතරයි මෛත්‍රිය තියෙන්නේ කියලා. නැත්නම් මනුෂ්‍යයන්ටත් ප්‍රිය වෙනවා, අමනුෂ්‍යයන්ටත්

ප්‍රිය වෙනවා, දෙවියන්ටත් ප්‍රිය වෙනවා කියලා කියන්නේ නෑනේ....

ඊළඟට **(නාස්ස අග්ගි වා විසං වා සත්ථං වා ඛමති)** ඔහුට ගින්නෙන් අනතුරු වෙන්නෙත් නෑ. වහ දෙන්න බෑ. ආයුධයකින් හානි කරන්නත් බෑ කියනවා. බලන්න... අර එක කාන්තාවක් ඉරිසියා වැඩිකමට පැහෙන තෙල් එකක් අරගෙන ගිහින් සාමාවතියගේ ඔළුවට වක්කළානේ.... එතකොට ඒ පැහෙන තෙල් ඔළුවට වක්කරද්දී මොකද වුණේ? වතුර වගේ ගලාගෙන ගියා. එවෙලෙම මෛත්‍රී සමාධියට මෙයා සමවැදුණා.

එතකොට බලන්න... බුදුරජාණන් වහන්සේ දේශනා කරලා තියෙන මේ සත්‍යය ඒ කාලේ ජීවත් වෙච්ච මිනිස්සු හැමවිටම අත්දැක්කා. ඒ සත්‍යය අත්දුටුවා. එතකොට වස විස දෙන්න බෑ. අවිආයුධයකින් අනතුරු කරන්න බෑ. ගින්නෙන් දවන්න බෑ.

(තුවටං චිත්තං සමාධියති) එයාට ඉක්මනින් චිත්ත සමාධිය ඇතිකරගන්න උපකාරී වෙනවා. **(මුඛවණ්ණෝ විප්පසීදති)** මුහුණේ පැහැය හොඳට පැහැපත් වෙනවා. ඒ කියන්නේ දකින අය පහදිනවා. එහෙම නැතුව සුදු වෙනවා කියල නෙවෙයි. කොච්චර නම් සුදු අය ඉන්නවාද නපුරු ගස්. ඒ නිසා සුදු වෙච්ච පමණින්ම හරියන්නේ නෑ. මේ කියන්නේ සුදු කියන එක නෙවෙයි. දැන් බලන්න... මනුස්සයෙක් කෝප වෙලා ඉන්න වෙලාවට මුහුණේ පැහැයයි, සතුටින් ඉන්න වෙලාවට මුහුණේ පැහැයයි වෙනසක් නැද්ද? තියෙනවානේ... අර රෞද්‍ර ගතිය සංසිඳිච්ච වෙලාවට නෑනේ. ඉතින් හැම තිස්සෙම සංසිඳිලා ඉන්නවා නම්, හැමතිස්සේම සෞම්‍යයයිනේ...

(අසංමූළ්හෝ කාලං කරෝති) හරිම වැදගත් ඒක. සිහි මුලා නොවී මියයනවා. මේකෙන් අපට පේනවා සිහි මුලා නොවී මියයෑමක් තියෙනවා නම්, සිහි මුලා වෙලා මියයෑමකුත් තියෙනවා. එතකොට අපේ ජීවිතයට හොඳ ඉලක්කයක් ඒක. අපටත් සිහිමුලා නොවී මියයන්න ලැබෙනවා නම් ඒක ලොකු වාසනාවක්.

(උත්තරිං අප්පටිවිජ්ඣන්තෝ බ්‍රහ්මලෝකූපගෝ හෝති) ජීවිතයේ මාර්ගඵල අවබෝධයක් ලබාගන්න බැරි වුණොත් බ්‍රහ්මලෝකයේ උපත ලබනවා. එයා කොහෙද ගිහින් නවතින්නේ? බ්‍රහ්මලෝකයේ.

එතකොට මේ කුසලතාවය කවුද ඇතිකරගන්න ඕන? තමන්. ඒ ඇතිකරගන්න ඕන උපදෙස් ටික තමයි මේ කරණීය මෙත්ත සූත්‍රයේ තියෙන්නේ.

කරණීයමත්ථ කුසලේන - යං තං සන්තං පදං අභිසමෙච්ච
සක්කෝ උජූ ච සූජූ ච - සුවචෝතස්ස මුදූ අනතිමානී

මෙතන තියෙන්නේ මෛත්‍රිය කරන්න, නැත්නම් නිවන පතාගෙන ඉන්න කෙනෙක්, ඒ කියන්නේ **(කරණීය + අත්ත + කුසලේන, යං තං සන්තං පදං අභිසමෙච්ච)** යම් ශාන්ත වූ පදයක් (පදයක් කියන්නේ දෙයක්) අවබෝධ කරන්න කැමැත්තෙන් ඉන්නවා නම්, (මොකක්ද ඒ ශාන්ත වූ පදය?) ඒ අමා මහ නිවන අවබෝධ කරන්න ඉන්නවා නම්, ඒක තේරුම් ගත්තු දක්ෂ කෙනා, ඒ කාරණය සඳහා **(සක්කෝ)** පුළුවන්කම තියෙන කෙනෙක් විය යුතුයි.

(උජූ ච) ඍජු විය යුතුයි. ඍජු කියන්නේ කෙලින්. කෙලින් කියන්නේ ඇද නැති. ඇද වෙන්නේ මොකෙන්ද? ක්‍රියාවෙන්. ඒ කියන්නේ සිල්වත් වෙන්න කියන එක. එතකොට ඒකටයි ඍජු වෙන්න කියලා කියන්නේ. සමහරු

නිකං අර මොකකටවත් යටත් වෙන්නෙ නැතුව කෙළින් කතා කරන එකටත් පාවිච්චි කරනවා ඍජු කියලා. මෙතන කියන්නේ ඒක නෙවෙයි. කයෙන් වංක නැති, වචනයෙන් වංක නැති, මනසින් වංක නැති, කයින් අවංක, වචනයෙන් අවංක, මනසින් අවංක. ඒකට තමයි ඍජු කියන්නේ.

(සූජූ ච) වඩාත් අවංකයි. කයෙනුත් අවංකයි. වචනයෙනුත් අවංකයි. සිතිනුත් අවංකයි. මේ අය කවුද? සීලවන්ත අය. ඒ වගේම ඒ කෙනා (සුවචෝ) සුවච කියන්නේ කීකරු. කියන දේ අහන. 'දුර්වච' කියන්නේ අකීකරු. සුවච කියන්නේ කීකරු. දැන් මේ වගේ ගුණ කියන කොට අර දෙවිවරු හරියට පහදින්න ඇති, 'අනේ... මේ කොච්චර හොඳ පිරිසක්ද ඇවිදින් ඉන්නේ' කියලා.

ඊළඟට (මුදු) මෘදු. මෘදු කියන්නේ මොළොක්. ඒ කියන්නේ හිත තෙත් වෙලා. ගොරෝසු නෑ. මිනිස්සුන්ගේ දුක දැක්කහම හිතේ කරුණාවක්, මෛත්‍රියක්, දයාවක්, අනුකම්පාවක් ඇතිවෙන්නේ නැත්නම් ඒ හිතට අපි සාමාන්‍යයෙන් මොකක්ද කියන්නේ? ගල් හිතක්. අන්න ඒ වගේ ගල් හිතක් නැති, මෘදු මොළොක් හිතක් තියෙන්න ඕන.

(අනතිමානී) මාන්නය නැති. බලන්න... මේ කියන ලක්ෂණ ඒ කාලෙ හිටපු ජනතාව වහ වහා ඇති කරගත්තා. ඒක ඉතින් වාසනාව. ඒ අවස්ථාව අපට මගහැරලා ගියා. නමුත් ඒක තමයි මනුෂ්‍ය ලෝකයේ තිබුණ ස්වර්ණමය යුගය. එච්චරයි. ආයෙ වෙන ස්වර්ණමය යුගයක් මේ ලෝකයට උදාවෙන්නේ මෛත්‍රී බුදුරජාණන් වහන්සේ පහළ වෙච්ච කාලයටයි. අවංකවම මේ බුද්ධ ශාසනයේ වීර්ය ගන්න අයට ඒ අවස්ථාව ඉෂ්ට කරගන්න තරම් පින් මෝරලා නැත්නම් සමහර විට ඒක මෛත්‍රී බුදුරජාණන්

වහන්සේගේ ශාසනය තුළ ලැබෙන්න පුළුවන්. ඒ වගේ යුගයක් ලෝකයේ නිතර නිතර එන්නේ නෑ.

එතකොට මෘදු, මාන රහිත කෙනෙක් වෙන්න ඕන. බලන්න වචන කීයක් බුදුරජාණන් වහන්සේ පාවිච්චි කළාද 'සක්කෝ' කියන එක තෝරන්න. ඍජු වෙන්න ඕන, වඩාත් ඍජු වෙන්න ඕන, කියන දේ අහන්න ඕන, මෘදු මොළොක් වෙන්න ඕන, නිහතමානී වෙන්න ඕන. (එතකොට සමහරු ඉන්නවානේ දැඩි ගති නැති. ඒ තමයි මෘදු මොළොක් අය.)

නිවනට යන මග සිටින පතාගෙන
ඇද නැති බව සිත තුළ රඳවාගෙන
සුවච සුමුදු ගුණ ඇති කරවාගෙන
කළ යුතුමය අතිමාන නසාගෙන

ඒක තමයි පරිවර්තනය. ඊළඟට බුදුරජාණන් වහන්සේ වදාළා ඒ කෙනාට තියෙන්න ඕන තවත් කුසලතා.

සන්තුස්සකෝ ච සුභරෝ ච
- අප්පකිච්චෝ ච සල්ලහුකවුත්තී
සන්තින්ද්‍රියෝ ච නිපකෝ ච
- අප්පගබ්භෝ කුලේසු අනනුගිද්ධෝ

දැන් මෙතන තියෙන්නේ ශාන්ත පදය වන ඒ අමා නිවන කැමති කෙනාට (අර කලින් කියපු ගුණ ටික ඇතිකරගෙන ඉන්න කෙනාට) තව ඇතිකරගන්න තියෙන ගුණධර්ම. මොනවද ඒ?

(සන්තුස්සකෝ) ලැබිච්ච දේකින් එයා සන්තෝෂ වෙන්න ඕන. මේකත් ලේසි එකක් නොවෙයිනේ.... ලැබිච්ච දේකින් සතුටු වෙනවා කියන්නේ ඔන්න අපි කියමු අද

ඔබට දානෙ දුන්නනේ... ඔබ බලාපොරොත්තු වෙන දේ නෙවෙයි ලැබෙන්නේ. ඒගොල්ලො දෙන දේ ගන්න ඕන. එතකොට ඒක ගත්තාම සමහරවිට දහස් ගාණනකට උයන නිසා ඕකට ගලක් යන්න බැරිද? පුළුවන්. ඔබේ වෙලාවට ඒක ඔබේ බත් පිඟානට ආවා. එතකොට ලැබිච්ච දේකට සතුටු වෙන්න බැරි කෙනාට මොකද වෙන්නේ? ගැටීමක් හටගන්නවා. ඒ ලැබිච්ච දේ ගැන සතුටු වෙන්න බෑ. මේ වගේ පුංචි දේකටත් මේ සිත ගැටෙන සුළුයි.

එතකොට අර පිරිසක් ඇවිල්ලා, නිදිවරාගෙන, දර ගෙනැල්ලා, මහන්සි වෙලා, එළිවෙනකම් ඇහැරගෙන උයලා පිහලා, මහන්සි වෙලා මෙහෙට උස්සගෙන ඇවිල්ලා, පිඟන් ලෑස්ති කරගෙන, තැන් ලෑස්ති කරගෙන, වෙහෙස වෙලා කරන දේ අර චූටි ගල් කෑල්ලක් එක්ක ගැටුණොත්? ලද දෙයින් සතුටු වෙන කෙනාට නම් ප්‍රශ්නයක් නෑ. සතුටු වෙන්නේ නැති කෙනාට මේ මොකක්වත් හිතාගන්න බැරිව යනවා.

මේ නිසා අපේ ජීවිතවලට හරිම වැදගත් දෙයක් ලද දෙයින් සතුටු වීම. ලද දෙයින් සතුටු වීම ජීවිතයකට නැත්නම් ඒ ජීවිතය හැම තිස්සේම ගත කරන්නේ යමක අපේක්ෂාවෙන්මයි. ඒ නිසා ජීවිතයකට ලද දෙයින් සතුටුවීම හරිම වැදගත්. අත්‍යවශ්‍යයි.

දැන් සමහර අවස්ථා තියෙනවා දඹදිව වන්දනාවේ යද්දී තමන් හැම තිස්සෙම පහසුකම් බලාපොරොත්තු වෙනවා. නමුත් සමහර විට ඒ පහසුකම් ලබාදෙන්න බැරිවෙන අවස්ථාවලට ඒ වන්දනා සංවිධායකයින් පත්වෙනවා. එතකොට ලද දෙයින් සතුටු වෙන්න බැරිව හිටියොත් ඒ අයට ඒ මොහොතේ ඉඳලා ඒ වන්දනා ගමන සතුටින් යන්න බෑ.

ඒ වගේ සමහර අවස්ථාවල් එනවා ජීවිතයේ, අපි හිතන විදිහට ලැබෙන්නෙ නැති. ඒ හැම අවස්ථාවකදීම අපට ප්‍රශ්නයක් වෙන්නේ නෑ, මේ ගුණය තියෙනවා නම්. ඒ තමයි ලද දෙයින් සතුටු වීම.

දැන් බලන්න.... දෙව්වරු කොච්චර පහදින්න ඇද්ද? ඇයි මේ ස්වාමීන් වහන්සේලා නිවන පතා ගෙනනේ ඇවිල්ලා තියෙන්නේ. නිවන පතාගෙන, නිවන අවබෝධ කරන්න ඕන කියලා තමයි මේ කැලේ ඇවිල්ලා තියෙන්නේ. ගෙවල් දොරවල් ඔක්කොම අත්හැරලා මේ පිරිසක් එක්ක කැලේකට ඇවිල්ලා පිණ්ඩපාතෙ කරගෙන ජීවත් වෙනවා.

නිවන පතාගෙන යන අයගේ ලක්ෂණ තමයි මේ තියෙන්නේ. ලැබිලා තියෙනවා නම් මොනවා හරි සිවුරක් ඒකෙන් සතුටු වෙනවා. මොනවද දානෙට ලැබුණේ, ඒකෙන් සතුටු වෙනවා. ඉන්න තියෙන්නේ මොකක් හරි වහලක් යට නම් ඒකෙන් සතුටු වෙනවා. මොනවද තියෙන බෙහෙත්, ඒ ගොඩ බෙහෙතෙන් සතුටු වෙනවා.

දැන් සමහරු ඉන්නවා.... බෙහෙත් වලිනුත් සතුටු වෙන්නෙ නෑ. ලද දෙයින් සතුටු වීම කියන එක අපට හරිම වැදගත්. ලද දෙයින් සතුටු වෙනවා මාන්නය නැත්නම්. මාන්නය තිබුණොත්.... මේ පොඩි අසනීපයකට ගමේ ගොඩේ ඉස්පිරිතාලෙන් මොනවා හරි පොඩියට බෙහෙත් ටිකක් අරගෙන සනීප වෙන්න පුළුවන්. ඒත් අර ගෙවන වාට්ටුවක ගිහිල්ලා නතර වෙනවා. ඇයි එයාට ඕනකම තියෙන්නේ ලෝකෙට පෙන්නන්නනේ.... මේ චූටි අසනීපවලට...

ඊට පස්සේ කියනවා දැන් අපි ඉන්නේ අර හොස්පිට්ල් එකේනේ... මේ මහා ලොකු දෙයක් වගේ. ඊට

පස්සේ අර ලොකු ලොකු ඉස්පිරිතාලවල නම් කියනවා. ඉතින් මේ නිසා ලද දෙයින් සතුටු වීම කියන එක අපට හරිම වැදගත්.

ඊළඟට 'සුභරෝ ච'. 'සුභර' කියන්නේ පහසුවෙන් පෝෂණය වෙන්න පුළුවන්. ඒ පහසුවෙන් පෝෂණය වෙන්න පුළුවන්කම තියෙන්නේ ලද දෙයින් සතුටු වෙන කෙනාටයි. බුදුරජාණන් වහන්සේ දේශනා කරනවා මේ ධර්මයේ හැසිරෙන සංඝ පිරිස ගැන කියද්දී, දෙන කෙනා කල්පනා කරන්න ඕන නෑ දෙන ප්‍රමාණය කියලා. ඇයි, පිළිගන්න කෙනා ප්‍රමාණය දන්න නිසා. පිළිගන්න කෙනා ඒක දන්නෙ නැත්නම්, දෙන කෙනා ප්‍රමාණය කල්පනා කළ යුතුයි. ඒ නිසා (සුභරෝ ච) පහසුවෙන් පෝෂණය කරන්න පුළුවන්බව ජීවිතයකට බොහොම වටිනවා.

බලන්න.... එක්තරා අවස්ථාවක් තියෙනවා ස්වාමීන් වහන්සේලා ඔක්කොම තැනකට වැඩම කරලා, තම තමන්ට පණවලා තියෙන කුටිවලට ඔක්කොමලා යනවා. රාහුල ස්වාමීන් වහන්සේ පුංචියිනේ... ගිහිල්ලා බැලුවා. බලද්දී තමන්ට ඉන්න තැනක් නෑ. තාවකාලික වැසිකිළියක් හදලා තිබුණා. උන්වහන්සේ කෙලින්ම ගිහිල්ලා නැවතුනේ කොහෙද? අර තාවකාලික වැසිකිළියේ. ඉතින් වැසිකිළිය ඇතුළේ වකුටු වෙලා ඉන්න ඇති.

පහුවදා බුදුරජාණන් වහන්සේ වැසිකිළියට වඩින්න ගිහින් උගුර පාදන කොට කවුදෝ ඇතුළෙන් උගුර පාදනවා ඇහුණා. "කවුද?" කියලා ඇහුවා. "මං රාහුල" කිව්වා. "ඇයි රාහුල?" කියලා ඇහුවා. "මට ඉන්න තැනක් තිබුණෙ නෑ. ඉතින් මං මෙහෙ ආවා..." කිව්වා.

ඉතින් ඒ වගේ පහසුවෙන් පෝෂණය කරන්න පුළුවන්කමක් වර්තමාන මනුස්සයාට හිතාගන්නවත් බෑ.

(අප්පකිච්චෝ ච) 'අප්පකිච්ච' කියන්නේ අල්ප කෘත්‍යය. (කෘත්‍යය කියන්නේ කරන දේවල්) වැඩ අඩු කරගැනීම. වැඩ අඩුකරගන්න තියෙන හොඳම දේ තමයි ක්‍රමාණුකූලව පිළිවෙලකට වැඩකිරීම. පිළිවෙලකට වැඩකරන්න පුරුදු වුණොත් වැඩ අඩුයි. පිළිවෙලකට වැඩකරන්න බැරිවුණොත් වැඩ එකතුවෙන විදිහ තමන්ටම හොයාගන්න බෑ.

සාමාන්‍යයෙන් ඕනම තැනක ක්‍රමාණුකූලව පිළිවෙලකට වැඩකරන්න පුරුදු වුණොත් හරි පොඩ්ඩයි වැඩ තියෙන්නේ. හැබැයි ක්‍රමාණුකූලව පිළිවෙලකට වැඩකරන්න බැරි නම්, ගත්තු බඩුව වෙන තැනක නම්, දූන් හෝදන්න තියෙන පිඟාන පස්සේ හෝදනවා නම්, අද හෝදන්න තියෙන ඇඳුම අනිද්දට නම් හෝදන්නේ, හිතාගන්න බෑ එයාට වැඩ ගොඩගැහෙන හැටි.

ඇත්තවශයෙන්ම හිතා මතා වැඩ ගොඩගහ ගැනිල්ලක් තියෙන්නේ. අද කරන්න තියෙන දේ අද කරනවා නම්, මේ මොහොතේ කරන්න තියෙන දේ මේ මොහොතේ කළා නම් වැඩ අඩුයි. ඉතින් මේ නිසා වැඩ අඩුකම ඇතිකරගන්න ඕන. වැඩ අඩුවුන ගමන් තමන්ට අවස්ථාවක් තියෙනවා.

සමහර අම්මලා මට ඇවිත් කියනවා "අනේ... ස්වාමීන් වහන්ස, මං පාන්දරින් නැගිටලා ළමයින්ට කෑම බීම ටික හදලා මහත්තයා පිටත් කරනවා. ළමයි ටිකත් ලෑස්ති කරලා පිටත් කරනවා. අස්පස් කරලා, පිරිසිදු කරලා ඉවර වුණාට පස්සේ මට හරි විවේකයි" කියලා. තව සමහර අම්මලා කියනවා, "අනේ... ස්වාමීනී, මට ගෙදර ඉන්න තිත්ත වෙලා තියෙන්නේ. ළමයිගේ වැඩ... වැඩ... වැඩ...

ඉවරයක් නෑ" කියලා. මොකද හේතුව? කළමනාකරණය පිළිබඳ ගැටලුවක්.

එතකොට හරියට කළමනාකරණය කළේ නැත්නම්, මේ වැඩ වැඩිවෙන එක තමන්ම දන්නේ නැතුව වෙන එකක්. අල්ප කෘත්‍යය, වැඩ අඩුකම හරිම වැදගත්.

ඊළඟට **(සල්ලහුකවුත්ති)** සැහැල්ලු පැවැත්මක් තියෙන්න ඕන. සැහැල්ලු පැවැත්ම එයාගේ ජීවිතයට හරිම වැදගත් දෙයක්. අපි එක එක දේවල් ඔලුවට අරගෙන, නැති බර ඔළුවට පටලවාගෙන, නැති කරුණු ගොඩක් ඔළුවට දාගෙන, නිකං දුක් විඳිනවා. සැහැල්ලුවෙන් ඉන්න පුරුදු වීම ජීවිතයට වුවමනා කරන ලොකු දෙයක්.

සමහර විට තව මාසයකින් තියෙනවා පින්කමක්. දැන්ම තියා එයා බර ගොඩගහගෙන. එයාට සැහැල්ලුවෙන් ඉන්න හම්බවෙන්නේ නෑ. සැහැල්ලුවෙන් ඉන්න බැරි වුනොත් වැඩක් හරියට කරගන්න හරිම අමාරුයි. ඉතින් මේ සැහැල්ලුවෙන් ඉන්නවා කියන එක මේ ජීවිතයට වුවමනා කරන විශේෂම දෙයක්.

මම නම් හැම තිස්සෙම කල්පනා කරනවා කොච්චර වැඩ තිබ්බත් සැහැල්ලුවෙන් ඉන්න. මොකද හේතුව සැහැල්ලුවෙන් ඉන්න තියෙන අවස්ථාව අපි නිකං අත්හැර ගන්නවා වැඩගොඩක් ගැන කල්පනා කරන්න ගිහිල්ලා. වැඩ ගැන කල්පනා කළ යුතුයි. නමුත් ඒකෙ සීමාව අපි දැනගත යුතුයි. නැත්නම් ඒක අපටම වධයක් වෙනවා.

ඊළඟට **(සන්තින්ද්‍රියෝ)** ඉඳුරන් ශාන්ත කරගෙන සිටීම. ඉඳුරන් කිව්වේ ඇස, කණ, නාසය, දිව, කය, මනස ශාන්තව පැවැත්වීම. ඊළඟට **(නිපකෝ ච)** ඒ ඒ අවස්ථාවලදී මොළේ පාවිච්චි කරන්න දක්ෂකම. ස්ථානෝචිත ප්‍රඥාව.

මං කලින් කිව්වේ... අර බල්ලෝ ටික බුරාගෙන එනකොට පොඩි දරුවන්ට එකපාරටම මතක් වුණේ මොකක්ද? බන්ධ පිරිත. වෙන ළමයි නම් එක්කෝ පොල්ලක් අතට ගනියි. එක්කෝ ගල්වලින් ගහයි. සතා භය කරලා බේරෙන්න හදයි. නමුත් ධර්මය සිහි කරන්න හම්බවෙන්නේ නෑනේ... අවස්ථානුකූලව කල්පනා කොට වැඩ කිරීම ධර්මය අවබෝධ කරන්න කැමැති කෙනෙකුට තියෙන සුදුසු කමක්.

අවස්ථානුකූලව කල්පනා කොට වැඩකිරීමෙන් තමයි ගොඩක් කරදරවලින් බේරෙන්න තියෙන්නේ. ගොඩක් ගැටලුවලින් බේරෙන්න තියෙන්නේ ඒකෙන්. ඒ ප්‍රඥාවට කියනවා '**නිපක**' කියලා. ඒ කියන්නේ අවස්ථානුකූලව නුවණ මෙහෙයවන්න පුළුවන්කම. එතකොට ඒක කාගේ අතේද තියෙන්නේ? තමන්ගේ අතේ.

ඊළඟට තියෙනවා (**අප්පගබ්භ**) දඩබ්බර නැතිකම. (**කුලේසු අනනුගිද්ධෝ**) කුල කියන්නේ දායක පවුල්වලට. දායක පවුල්වලට ගිජු නොවී සිටීම. 'මේ මගේ අසවල් දායකයා... අසවල් කෙනා...' ඊළඟට කෝල් කරලා අහනවා 'සැප දුක් කොහොමද? දූන් රට ඉඳලා පුතා ආවද? අර බබා විභාගේ ලිව්වද? අර බබා බැන්දද? බැඳපු බබාගේ බබාට කොහොමද? මේ මොකක්ද මේ...? ඇලිලා...

ඊට පස්සේ දූන් ඉතින් අපේ... අපේ... අපේ... මට නම් කිසිම කෙනෙක් නෑ. මට ඕනත් නෑ. තමන්ගේකමක් හදාගත්තු ගමන් දාලා යන්න පුළුවන්ද? ඊට පස්සේ දාලා යන්නත් බෑ. දාලා යන්න දෙන්නෙත් නෑ. ඊට පස්සේ පස්සෙන් ඇවිත් කියනවා, "අනේ.... ස්වාමීනී..., දානෙට වඩින්න.... ඔබවහන්සේ වඩිනාතුරු අපි මේ ළමයාට

නමක් නොදමා සිටිමු. ඔබවහන්සේගෙන්ම පිරිත් ටිකක් අහන්න ඕනලු! ඔබවහන්සේ පිරිත් නූලක් ගැටගසනා තුරු සනීප නොවේ...!" දැන් ඒ ගෙදර මිනිස්සුන්ටත් අසනීපයි. වෙන්නෙ නැද්ද මේක?

එතකොට බලන්න... බුදුරජාණන් වහන්සේ මේ පද දෙක තුනකින් මේ ඔක්කොම දේශනා කරන ලස්සන...

සතුටුව ලද දෙයකින් සුවසේ හිඳ
අඩුකොට වැඩ නිති සැහැල්ලුවෙන් ඉඳ
දමනය කළ ඉඳුරන්ද නුවණ මැද
හිතමිතුරුව කුලයේ නොඇලෙන සඳ

නුවණ කියලා මං අදහස් කළේ ස්ථානෝචිත ප්‍රඥාව. හිතමිතුරුව කුලයේ නොඇලෙන සඳ කිව්වේ පවුල්වලට අමුතු අඟැලුම්කම් නැතුව ඉන්න. මේවා අපේ ජීවිතවලට හරිම වැදගත්.

ඔබ කවුරුත් දන්නවා ඇති මං දැන් ඉන්දියාවේ ඉන්නවා. සමහර විට මං මෙහෙ ඉන්නවා. මං ඔහේ තනියම කුටියකට වෙලා ඉන්නේ. මගේ කිසිම සම්බන්ධයක් නෑ ලෝකෙත් එක්ක. මං ඔය පොතක් පතක් බලාගෙන ඉන්නවා. මට ඕන සැහැල්ලුවෙන් ඉන්නයි. දැන් පිටරටවලත් අසපු තියෙනවා. මාත් එක්ක කිසිම සම්බන්ධයක් නෑ. මෙහෙත් තියෙනවා ගොඩක් අසපු. කිසි සම්බන්ධයක් නෑ. දායක පිරිස් ගොඩක් ඉන්නවා. කවුරුවත් සම්බන්ධයක් නෑ. මං කැමති මාත් එක්ක කවුරුවත් සම්බන්ධ වෙනවාට නොවෙයි. ධර්මයත් එක්ක සම්බන්ධ වෙනවට. එහෙම තමයි අපට ජීවත් වෙන්න ලේසි.

න ච ඛුද්දං සමාචරේ කිංචි
- යේන විඤ්ඤූ පරේ උපවදෙය්‍යුං

සුඛිනෝ වා ඛේමිනෝ හොන්තු
- සබ්බේ සත්තා භවන්තු සුඛිතත්තා

(න ච ඛුද්දං සමාචරේ කිංචි - යේන විඤ්ඤූ පරේ උපවදෙය්‍යුං) පිටස්තර නුවණ තියෙන අය (අසත්පුරුෂයෝ බයින ඒවා නෙවෙයි මේ කියන්නේ...) විඤ්ඤූ කියන්නේ නුවණ තියෙන, බුද්ධිමත් පිටස්තර අයගේ දොස් ලබන පුංචි වැරැද්දක්වත් නොකර ඉන්න කියනවා. නුවණ තියෙන බුද්ධිමත් පිට කෙනෙකුගෙන් දෝෂයක් අහන්නේ නැති විදිහට ඉන්න කියලයි මේ කියන්නේ.

දැන් දෙවිවරු මේවා අහන කොට පැහැදී නොසිටීවිද? කොච්චර පහදියිද? අනේ... මේ මොනතරම් යහපත් පිරිසක්ද කියලා. මෙතනට එනකම් තියෙන්නේ තමන් විසින් ඇතිකරගන්න ගුණවත්කම ගැනයි. එතන ඉඳන් තියෙන්නේ මෛත්‍රිය ගැනයි.

'සුඛිනෝ වා' කියන්නේ සැපවත් වෙන්න කියන එක. **(ඛේමිනෝ)** බිය රහිත වෙන්න. ආරක්ෂා සහිත වෙන්න. **'ඛේම'** කියලා කියන්නේ රැකවරණය, බිය සැක නැති තැන. ඔබ අහලා තියෙනවාද ක්ෂේම භූමිය කියන වචනය. කාන්තාරේ මැද තියෙනවා බිය සැක නැතිව ඉන්න තියෙන තැනක්. එතෙන්ට මොකක්ද කියන්නේ? ක්ෂේම භූමිය. ඒ වගේ මනුස්සයෙකුට බියක්, සැකක් නැතිව ඉන්නවා නම්, ඒක මොකක්ද? **'ඛේම'**.

(සුඛිනෝ වා ඛේමිනෝ හොන්තු) සැපවත් වෙත්වා! බිය නැත්තෝ වෙත්වා!

'(සබ්බේ සත්තා භවන්තු සුඛිතත්තා) සියලු සත්වයෝ සැප ඇති සිත් ඇත්තෝ වෙත්වා!' දැන් මෙහෙම කියද්දී අර දෙවිවරුන්ට හරිම ආශා හිතෙන්න ඇති නේද?

නුවණැතියන්ගෙන් දොස් නොලබන්නේ
සුළු වරදක් හෝ නොම කරමින්නේ
බිය නැති සැප ඇති දිවි පතමින්නේ
සියලු සතුන් හට මෙත් පතුරන්නේ

යේ කේචි පාණභූතත්ථි - තසා වා ථාවරා වා අනවසේසා
දීඝා වා යේ මහන්තා වා - මජ්ඣිමා රස්සකාණුකථූලා

(යේ කේචි පාණභූතත්ථි) මේ ප්‍රාණ භූත කියන්නේ යම්කිසි සතුන් ඉන්නවා නම්. **(තසා වා)** '**තස**' කියන්නේ තැති ගන්නා. භය ඇති වෙන. දැන් අපට භය ඇතිවෙන්නේ නැද්ද? අපි ඔක්කොම අයිති වෙන්නේ 'තස' කියන සත්ව කණ්ඩායමට. ඒ කියන්නේ අපි කියමු භය ඇතිවෙන අය. භය නැතිව, ස්ථිරව පිහිටි අය ඉන්නවා. **(ථාවරා)** ස්ථාවර. අපි අස්ථාවර. භය ඇතිවෙනවා. අපේ මේ දැනට තියෙන භය නැති ගතිය එකපාරටම වෙනස්වෙලා භය ඇතිවෙන්න පුළුවන්.

තව කොටසක් ලෝකයේ ඉන්නවා භය ඇතිවෙන්නේ නැති. ඒ තමයි රහතන් වහන්සේලා. එතකොට භය ඇතිවෙන සාමාන්‍ය පුද්ගලයන් වේවා, භය නැති රහතුන් වේවා... **(අනවසේසා)** අවසේස රහිත කියන්නේ ඉතිරි සියලු සත්වයෝ. **(දීඝා වා)** දීර්ඝ ශරීර තියෙන අය, **(මජ්ඣිමා රස්සකාණුකථූලා)** මධ්‍යම ශරීර තියෙන අය. කෙටි ශරීර තියෙන අය තමයි 'අණුක ථූල' කියන්නේ. මේ කියන්නේ බොහොම පුංචි ශරීර තියෙන අය ගැනත්, ස්ථූල ශරීර තියෙන අය ගැනත්.

මට මතකයි එක තැනක තියෙනවා... එක්තරා කෙනෙක් මනුස්ස ලෝකයේ ඉඳලා දෙවියන් අතරට ගිහිල්ලා. එයාගේ ශරීරය මගධ කෙත් යාය වගේ විශාලයි

කියනවා. ලොකු ශරීර තියෙන අමනුස්සයෝ, ලොකු ශරීර තියෙන දෙවිවරු, ලොකු ශරීර තියෙන අසුරයෝ මේ ලෝකයේ ඉන්නවා.

දැන් එතකොට ඒගොල්ලන්ගේ ශරීර ගැන මතක් කරලා මෙත් සිත වඩද්දී ඒ ශරීර තියෙන අය හිතනවා මේ මටත් මෙත් සිත වඩනවා කියලා. තිරිසන් ලෝකයේ අලි වගේ සත්තුනේ අපට මතක් වෙන්නේ.... නමුත් සමහර දෙවිවරු ඉන්නවා ඕන ඕන ප්‍රමාණයට ශරීරය කුඩා කරගන්න පුළුවන්.

බුදුරජාණන් වහන්සේ සක්කපඤ්ඤ සූත්‍රය දේශනා කරපු වෙලාවේ ඉන්දසාල ගුහාවේ ඔක්කොම දෙවිවරු ඉඳලා තියෙනවානේ... ඒ වගේ පුංචි තැනක ඒ ප්‍රමාණයට ඉන්න පුළුවන්කම ලැබිලා තියෙනවා. ඒ නිසයි බුදුරජාණන් වහන්සේ මේ ශරීර ප්‍රමාණ ගැනත් මතක් කරන්නේ.

එතකොට මේ මෛත්‍රිය ගැන සිහි කරද්දී ලොකු ශරීර තියෙන අය, පොඩි ශරීර තියෙන අය, මධ්‍යම ශරීර තියෙන අය, ඉතා කුඩා ශරීර තියෙන අය, ස්ථූල ශරීර තියෙන අය කියලා මෙහෙම කියද්දී ඒගොල්ලො ඔක්කොටම හිතෙනවා අපිවත් සුවපත් වෙන්න කියලා මේ අය කියනවා කියලා. එතකොට අහගෙන ඉන්න එක්කෙනා සුවපත් වෙන්න කියනවා කියලා සංතෝෂයට පත්වෙනවා.

දැන් ඔබ හොඳටම දන්නවනේ මිනිස්සු වචනයක් එහාට මෙහාට වැරදුණාම ඒවා පස්සේ පන්න පන්න පළිගන්න හැටි. දැන් අපි කියමු කවුරු හරි කෙනෙක් ඉන්නවා. ශරීරයේ මොකක් හරි අඩුවක් තියෙනවා. අපි හිතමු ඇහැක් වපරයි කියලා. එතකොට තව කෙනෙක්

එයාට බණිනවා කියමු. බනින කොට වෙන කෙනෙක් ඉන්නවා ඇහැක් වපර. එයාට ඇහෙන කොට එයාට හිතෙන්න පුළුවන් 'මේ මට බැන්නේ' කියලා. ඒ වගේ දේවල් වෙන්න පුළුවන්.

මේ විදිහට මේ ශරීර ගැන කියන්නේ ඒකයි. බලන්න මේ කරණීය මෙත්ත සූත්‍රය ගැන අපි දැනුවත්ව සිටීම කොච්චර වැදගත්ද කියලා.

බියපත් තැතිගත් සතුන්ද වේවා
බිය සැක දුරුකළ රහතුන් වේවා
ලොකු පොඩි දිග මහ සතුන්ද වේවා
සැමට සැපත ඇති සිත් ඇතිවේවා

දිට්ඨා වා යේ ව අද්දිට්ඨා
- යේ ච දූරේ වසන්ති අවිදූරේ
භූතා වා සම්භවේසී වා
- සබ්බේ සත්තා භවන්තු සුඛිතත්තා

දැන් මේකෙ තියෙන්නේ (දිට්ඨා) ඇහැට පේන ලෝකයේ ඉන්න සත්තු. ඇහැට පේන ලෝකයේ ඉන්නවා මනුස්සයන් සහ තිරිසන් සතුන්. (අද්දිට්ඨා) පේන්නෙ නැති විවිධාකාර සතුන් ඉන්නවා.

(යේ ච දූරේ වසන්ති අවිදූරේ) දුර කොතෙකුත් සතුන් ඉන්නවාද, ළඟ කොතෙකුත් සතුන් ඉන්නවාද, (භූතා) ඉපදුන සතුන් ඉන්නවාද, (සම්භවේසී වා) උපතක් කරා යන සතුන් ඉන්නවාද, ඒ සැම කෙනෙක්ම සුවපත් සිත් ඇත්තෝ වෙත්වා! බලන්න... කොච්චර ලස්සනද කියලා. ඒ මෛත්‍රියට දෙවිවරු කොච්චර පහදින්න ඇද්ද?

පෙනෙන නොපෙනෙනා සතුන්ද වේවා
දුර ළඟ වසනා සතුන්ද වේවා

ඉපදුන ඉපදෙන සතුන්ද වේවා
සැමට සැපත ඇති සිත් ඇතිවේවා

දැන් බලන්න... මේ මෛත්‍රිය කියන එක සැමට සැපත ඇති සිත් ඇතිවේවා! දැන් අපට පේනවා සමහරු බැලූ බැල්මට පිටින් පේන්නේ සතුටින් ඉන්නවා වගේ. නමුත් එයත් එක්ක කතා කළාම පේනවා කොයිතරම් දුක් වේදනාවක් එක්කද ඉන්නේ කියලා. එතකොට ඒ හැමෝටම අපි පතනවා 'සැමට සැපත ඇති සිත් ඇතිවේවා!' කියලා. මොකද සැමට සැපත ඇති සිතක් තියෙනවා නම් අපට ලැබෙන අනිත් සෑම දෙයක්ම විඳ දරාගෙන ඉන්න පුළුවන්. මේ සිතේ සැපත තමයි අපේ ජීවිතවලට ගොඩාක් යහපත සලසන්නේ. ඉතින් මේ නිසා ඒ බුදුරජාණන් වහන්සේ සැමට සැපත ඇති සිත් ඇතිවේවා කියලා මේ විදිහට මෛත්‍රිය වඩන්න කියලා මෛත්‍රිය වඩන හැටි කියා දුන්නා.

මේ කරණීය මෙත්ත සූත්‍රය බලාගෙන ඒ විදිහට හොඳ ලස්සනට කෙනෙකුට මෛත්‍රිය වඩන්න පුළුවන් වගේම තමන්ට මෛත්‍රිය සජ්ඣායනා කරන්නත් පුළුවන්. එතකොට අපි හොඳට මේක තේරුම් ගන්නවා. හැබැයි මේ ලෝකයේ අමනුෂ්‍යයන්ගේ සමහර ක්‍රියාකලාපය හරිම හිතුවක්කාරයි.

දවසක් සාරිපුත්ත මහරහතන් වහන්සේ හොඳට කෙස් බාලා, හඳ පායපු දවසක එළිමහනේ වැඩසිටියා. උන්වහන්සේගේ හිස දිළිසෙනවා. එතකොට යක්ෂයෝ දෙන්නෙක් අහසින් යනවා. එක යක්ෂයෙක් කියනවා. අර අනිත් යක්ෂයාට "යක්ෂය, මේ බලන්න... අර ශ්‍රමණයා දිහා. අර ශ්‍රමණයාගේ හිස දිළිසෙනවා. මට නම් හිත ටොක්කක් අනින්නමයි." එතකොට මේ මහා මුරණ්ඩු, චණ්ඩි යක්කු

ඉන්නවා. එතකොට අනෙත් යක්ෂයා මොකක්ද කිව්වේ? "හා... හා... යකෝ... ඔහොම කරන්න එපා! මේ වැඩඉන්නේ සුළුපටු කෙනෙක් නොවෙයි. මහා ගුණවන්ත භික්ෂුවක්, නිකෙලෙස් උත්තමයෙක් ඔය ඉන්නේ..." කියලා.

එතකොට ඒ යක්ෂයා එක්කො කලින් හම්බවෙලා තියෙනවා. එක්කො බණ අහලා තියෙනවා. එක්කො පැහැදිලා තියෙනවා. අර යකා ඒක ඇහුවද? නෑ... එපා කියද්දි කියද්දි මොකද කළේ? ගිහින් ඇන්නා ටොක්කක්.

හැබැයි වෙන මනුස්සයෙකුට ඒක වුණා නම් එතනම මැරෙනවා කිව්වා. ඊට පස්සේ ඉතින් කියන්නේ කොහොමද? නහරක් පිපුරුවා කියයි. අද කොච්චර නම් ඔහොම වෙනවා ඇද්ද? හාට් ඇටෑක් කියයි. නහර පිපුරුවා කියයි. උගුර හිරවුණා කියයි. අපි දන්නෙ කොහොමද, කවුරු ටොකු ඇනලද කියලා? ඇයි අද කවුද ඒක දකින්න ඉන්නේ? කවුරුත් ඉන්නවද අපට වෙන දේ දකින්න?

මුගලන් මහරහතන් වහන්සේ මේක දැක්කා. ඒ වෙලාවේ ඒ පලාතම දෙදුරුම් කාලා ගිහිල්ලා. සාරිපුත්ත මහරහතන් වහන්සේ ළඟට ඉක්මනට ගියා. ගිහිල්ලා ඇහුවා "ඔබ වහන්සේට අමාරුද?" කියලා. "ඇයි මොකද?" කියලා ඇහුවා. "ඇයි දැන් මේ යක්ෂයෙක් ඔබවහන්සේට ටොක්කක් ඇන්නේ..." "හැබැයි චුට්ටක් රිදෙනවා නම් තමයි" කිව්වා.

එවෙලෙම ඒ යක්ෂයා යක්ෂ ආත්මයෙන් චුතවෙලා නිරයේ උපන්නා. බලන්න තමන්ට යමක් කරන්න පුළුවන් වෙලාවට කරන්න පුළුවන් දේ හඳුනාගන්නේ නැතුව අයුතු විදිහට බලය පාවිච්චි කරන කෙනාට සිද්ධ වෙන දේ. ඒ යක්ෂයාට තිබුණා අහසින් යන්න පුළුවන්කම. ඒ වගේම

ඒ යක්ෂයාට තිබුණා මනුස්සයෙකුට හානියක් කරන්න පුළුවන්කමත්.

හැබැයි ඒකෙ තේරුම එයාට ඒකෙන් හොඳ කරන්න පුළුවන්කමත් තිබුණා. නමුත් තමන්ගේ සියලු හැකියාවන් පාවිච්චි කළේ තමන්ටම අහිත පිණිසයි. අන්තිමට තමන්ම දැවෙනවා... දැවෙනවා... කියලා එවෙලෙම ගිනි අරගෙන නිරයේ උපන්නා.

තමන්ට තියෙන හැකියාව අනුන්ට විපත පිණිස පාවිච්චි කරනවා. අදත් මිනිස්සු කොච්චර නම් එහෙම කරනවාද? ඒ නිසා අපි මෛත්‍රිය වැඩීම හොඳට තේරුම් අරගෙන පුරුදු කරන්න ඕන. කිසි කෙනෙකුට අනතුරක් නෑ ඒකෙන්.

න පරෝ පරං නිකුබ්බේථ
- නාතිමඤ්ඤේථ කත්ථචි නං කංචි
බ්‍යාරෝසනා පටිඝ සඤ්ඤා
- නාඤ්ඤමඤ්ඤස්ස දුක්ඛමිච්ඡෙය්‍ය

මේකෙ තියෙනවා **(න පරෝ පරං නිකුබ්බේථ)** කවුරුවත්ම තව කෙනෙකුව රවට්ටන්න එපා කියලා. බලන්න.... ඒ පැතුම කොච්චර ලස්සනද? තව කෙනෙක් තව කෙනෙකුව රවට්ටන්න එපා කියන මේ ප්‍රාර්ථනාව අපේ රටේ මිනිසුන් තුළ තිබුණා නම්...

ඔබ දන්නවා ඇති, පසුගිය වකවානුවේ දිගටම බැංකු ප්‍රශ්න නිසා මිනිස්සු විඳින දුක්, මිනිස්සුන්ගේ පපුවේ පත්තුවෙන ගින්දර, මිනිස්සු කරන ශාප සුළුපටුද? දහස් ගණන්, ලක්ෂ ගණන්, කෝටි ගණන් මුදල් මිනිස්සු දුන්නනේ සිහින මවාගෙන....

බුදුරජාණන් වහන්සේ දේශනා කළා '(න පරෝ පරං නිකුබ්බේථ) කිසිවෙක් කිසිවෙකු නොම රවටාවා' කියලා. මේක දන්නවා නම් හරිනේ... කවුරුත් තව කෙනෙකුව රවට්ටන්න එපා.

(නාතිමඤ්ඤේථ කත්ථචි නං කඤ්චි) තමන් ගැන ඕනෑවට වඩා හිතාගන්න එපා කියනවා. අන්න ඊළඟට වැරදුන තැන. තමන් ගැන තමන්ගේ ප්‍රමාණයට හිතන්න ඕන කියනවා. ඕනවට වැඩිය හිතන්න එපා කියනවා. කිසිම තැනකදි හිතට ගන්න එපා කියනවා.

(බ්‍යාරෝසනා පටිඝ සඤ්ඤා) තරහ, නපුරු බස් කියන්න එපා කියනවා. (නාඤ්ඤමඤ්ඤස්ස දුක්ඛමිච්ඡෙය්‍ය) කිසි කෙනෙක් ගැන දුකක් කැමති වෙන්න එපා කියනවා. කොයිතරම් ලස්සනද මේ අදහස්? මේ අදහස් කොච්චර ලස්සනට තේරෙන්න ඇද්ද එදා කතා කරද්දී...?

කිසිවෙක් කිසිවෙකු නොම රවටාවා
කිසි තැනකදි ඉහලින් නොසිතාවා
නපුරු දරුණු බස් නොම පවසාවා
අනෙකෙකුගේ දුක කැමති නොවේවා

මාතා යථා නියං පුත්තං - ආයුසා ඒක පුත්තමනුරක්ඛේ
ඒවම්පි සබ්බ භූතේසු - මානසං භාවයේ අපරිමාණං

දැන් මෙතන තියෙන්නේ (මාතා යථා නියං පුත්තං - ආයුසා ඒක පුත්තමනුරක්ඛේ) අම්මා කෙනෙක් ඉන්නවා. ඒ අම්මාට ඉන්නේ එක දරුවයි. ඉතින් ඒ අම්මා ඒ දරුවාව ජීවිතය තියෙනකම් ආරක්ෂා කරගන්නවා. අන්න ඒ විදිහට (සබ්බ භූතේසු) සියලු සත්වයන් කෙරෙහි (මානසං භාවයේ)

මෙත් සිත වඩන්න, (අපරිමාණං) ප්‍රමාණ කරන්නේ නැතුව. කොයිතරම් මිහිරි සුන්දර අදහස්ද?

ප්‍රමාණ කරන්නේ නැතුව සියලු සත්වයන්ට මෙත් සිත වඩන්න කියනවා අම්මා කෙනෙක් දරුවෙකුට දක්වන සෙනෙහස වගේ. එතකොට ප්‍රමාණ කරන්නේ නැතුව මෙත් සිත වැඩීමට අපි පාවිච්චි කරනවා නමක්. (අප්පමාණ චේතෝවිමුත්ති) දිශා වශයෙන් මෙත් සිත පැතිරවීම.

උතුරු දිශාවේ කියපුවාම ඒකෙ කෙළවරක් නෑ. ප්‍රමාණ රහිත කොට, ප්‍රමාණයක් ගන්නේ නැතුව මෙත් සිත වඩන්න කියනවා. කොයි විදිහටද මෙත් සිත වඩන්න කියන්නේ? අම්මා කෙනෙක් දරුවෙක් කෙරෙහි දක්වන්නේ යම් සෙනෙහසක්ද, එවැනි ස්නේහයක් මේ සියලු සත්වයන් කෙරෙහි වඩන්න කියනවා.

දැන් බලන්න ඒ උපමාවම කොච්චර ලස්සනද? මේ අදහස තිබුණා ධර්මාශෝක රජ්ජුරුවන්ට. ධර්මාශෝක රජ්ජුරුවෝ සමහර සෙල්ලිපිවල ලිව්වා 'මේ ප්‍රජාව මාගේ දරුවෝය' කියලා. අන්න මේ මෙත් සිත. මේ ප්‍රජාව මගේ දරුවෝය කියලා හිතන මට්ටමට ඒ රජ්ජුරුවන්ගේ හිත පත්වුණේ ධර්මය නිසයි.

තම දිවි සමකොට පුතු   සුරකින්නේ
එකම පුතෙකු ඇති මව්   විලසින්නේ
මෙලෙසට ලොව හැම සතුන්   දකින්නේ
අපමණ මෙත් සිතමය   පතුරන්නේ

මෙත්තං ච සබ්බ ලෝකස්මිං
    - මානසං භාවයේ අපරිමාණං
උද්ධං අධෝ ච තිරියං ච
    - අසම්බාධං අවේරං අසපත්තං

දැන් කියන්නේ මේ සියලු ලෝකය තුළ අප්‍රමාණ මෛත්‍රී සිත පතුරන්න. (**මෙත්තං ච සබ්බ ලෝකස්මිං**) සියලු ලෝකය තුළ, (**මානසං භාවයේ අපරිමාණං**) මෛත්‍රී සිත ප්‍රමාණ රහිතව පතුරුවන්න. (**උද්ධං**) උඩට, (**අධෝ**) යටට, (**තිරියං**) හරස් අතට, (**අසංබාධං**) බාධාවක් ඇති කරගන්නේ නැතුව (**අවේරං අසපත්තං**) වෛර සතුරු නැතිව පවත්වන්න කියනවා.

සියලු ලොවට එක ලෙස සලකන්නේ
උඩ යට සරසට හැම විලසින්නේ
වෛර සතුරු බාධා නැති වන්නේ
අපමණ මෙත් සිතමය පතුරන්නේ

තිට්ඨං චරං නිසින්නෝ වා
- සයානෝ වා යාව තස්ස විගතමිද්ධෝ
ඒතං සතිං අධිට්ඨෙය්‍ය
- බ්‍රහ්මමේතං විහාරං ඉධමාහු

දැන් මෙතන කියන්නේ ඒ විදිහට අම්මා කෙනෙක් දරුවෙකුට මෙත් සිත වඩනවා වගේ මෛත්‍රී සිත පතුරුවන්න කියනවා (**තිට්ඨං**) හිටගෙන ඉන්න කොට. හිටගෙන ඉන්න අවස්ථා අපට ලැබෙන්නේ නැද්ද? ලැබෙනවා. හිටගෙන ඉන්න කොටත් ඒ වගේම මෛත්‍රිය පතුරුවන්න. (**චරං**) ඇවිදින කොටත් ඒ වගේම මෛත්‍රී සිත පතුරුවන්න. (**නිසින්නෝ වා**) වාඩිවී සිටිද්දීත් මෛත්‍රී සිත වඩන්න. (**සයානෝ වා**) හාන්සිවෙලා සිටිද්දීත් මෛත්‍රී සිත පතුරුවන්න.

(**යාව තස්ස විගතමිද්ධෝ**) නිදන්න ගිහින් ඇහැරගෙන සිටිද්දීත් (ඒ කියන්නේ නිදිවරද්දීත්), නොනිදා සිටින වෙලාවටත් මෛත්‍රිය පතුරුවන්න. (**ඒතං සතිං

අදිට්ඨෙය්‍ය) ඔය විදිහට මෛත්‍රියෙන් සිහිය පවත්වනවා නම් **(බ්‍රහ්මමේතං විහාරං ඉධමාහු)** අන්න ඒකට කියන්නේ බ්‍රහ්මවිහාර කියලා.

දැන් බලන්න... මේකෙ බුදුරජාණන් වහන්ස් වදාළාද මෛත්‍රී භාවනාවට ආහාර සම්බන්ධ කරලා? නැනේ... එතකොට දැන් මේක දිහා බලද්දී හොඳට පැහැදිලිව පේනවා ඇති හැබෑ මෛත්‍රිය කියන්නේ මොකක්ද කියලා. මේකෙදි හොඳට පැහැදිලි කළා හැබෑ මෛත්‍රිය, හැබෑ කරුණාව මොකක්ද කියලා.

අර දෙමව්පියන්ට සලකන එක ගැන කියද්දී බුදුරජාණන් වහන්සේ හැබෑ සැලකීම කියලා කිව්වේ මොකක්ද? දෙමව්පියෝ සිල්වත් නැත්නම් සිල්වත් වෙන්න උදව් කරන්න. දෙමව්පියෝ ලෝභ නම්, ඒ ලෝභය දුරුකරලා දන්දෙන්න පෙළඹවීම. දෙමව්පියන්ට ශ්‍රද්ධාව නැත්නම්, ඒ දෙමව්පියන්ට ශ්‍රද්ධාව ඇති කරන්න උදව් කිරීම. ඒ දෙමව්පියෝ බණ භාවනා කරන්නෙ, කුසල් වඩන්නෙ නැත්නම් කුසල් වඩන්න උදව් කිරීම. මේක තමයි දෙමව්පියන්ට කරන සැබෑ සැලකීම.

එක තැනක බුදුරජාණන් වහන්සේ ආනන්ද ස්වාමීන් වහන්සේට වදාළා, යම්කිසි කෙනෙක් තවත් කෙනෙකුට හැබෑ ලෙස හිතවත් නම්, අනුකම්පාවෙන් යුක්ත නම්, ස්නේහවන්ත නම්, ඒ කෙනාව බුදුරජාණන් වහන්සේව සරණ යන්න පොළඹවන්න. ඒ කෙනාට ධර්මය සරණ යන්න කියලා දෙන්න. ආර්ය ශ්‍රාවක සංඝරත්නය සරණ යන්න කියලා දෙන්න. ඒ කෙනාට සෝතාපත්ති අංග ඇතිකරගන්න උදව් කරන්න කියලා. මේක තමයි ඒ කෙනාට දක්වන සැබෑ ආදරය. සැබෑ ස්නේහය. සැබෑ හිතවත්කම.

එතකොට මේකෙන් අපට පේනවා මේ බුදුරජාණන් වහන්සේගේ පණිවිඩය හරියට අල්ලා ගැනීම. අපි මේ යුගයේ ඒක කරනවා නම් අපට ලැබෙන දුර්ලභ ලැබීමක්. දැන් බලන්න... මේකෙ තියෙන විදිහට මනුස්සයෙකුට මෛත්‍රිය පවත්වාගන්න පුළුවන් නම් මේ යුගයේ අදත් එයා බඹලොව කෙනෙක් වගේ ඉන්නේ. එයා මිනිස් ශරීරයක් ඇති බ්‍රහ්මයෙක් වගෙයි ඉන්නේ. ඇයි බ්‍රහ්මලෝකයේ ඉන්න බ්‍රහ්මයන්ට තියෙනවා මෛත්‍රී, කරුණා, මුදිතා, උපේක්ෂා. මේවායින් යුතු කෙනා බඹලොව ජීවත්වෙනවා වගේ කියනවා.

සිටගෙන හෝ ඇවිදිමින් සිටින	විට
නිදන වෙලාවට හෝ නොනිදන	විට
සිහි කළ යුතු මෙත් සිතමය හැම	විට
බඹවිහරණ ලෙස පවසයි එම	විට

දිට්ඨිං ච අනුපගම්ම සීලවා
     - දස්සනේන සම්පන්නෝ
කාමේසු විනෙය්‍ය ගේධං
     - න හි ජාතු ගබ්භසෙය්‍යං පුනරේතී'ති.

(දිට්ඨිං ච අනුපගම්ම) දෘෂ්ටියකට අහුවෙන්නේ නැතුව. එතන දෘෂ්ටි කියලා කිව්වේ මිත්‍යා දෘෂ්ටියකට අහුවෙන්නේ නැතුව කියන එකයි. එක්කෝ උච්ඡේද දෘෂ්ටියට, එක්කෝ ශාස්වත දෘෂ්ටියට අහුවෙන්නේ නැතුව සීලවන්ත වෙලා, (දස්සනේන සම්පන්නෝ) චතුරාර්ය සත්‍යය ගැන අවබෝධයකින් යුක්තව, (කාමේසු විනෙය්‍ය ගේධං) රූප, ශබ්ද, ගන්ධ, රස, ස්පර්ශ කෙරෙහි තියෙන ආශාව අත්හැරලා වාසය කළොත්, (න හි ජාතු ගබ්භසෙය්‍යං පුනරේති) මව්කුසක නිදන්නට එයා ආපහු එන්නේ නෑ. බලන්න පුදුම ලස්සන කියමනක්.

මිසදිටුවක සිත නොම පැටලෙමිනේ
සිල් ගුණ දම් රැක යන මග නිවනේ
කම් සැපයට කිසිවිට නොඇලෙමිනේ
මව් කුස නිදනට යළි නොම පැමිණේ

'පුනරේති' කියන්නේ ආයෙමත් ගර්භාෂයක නිදන්නට එන්නේ නෑ. එයා මව්කුසක නිදන්නට ආයෙමත් එන්නේ නෑ කියනවා. කොහොමද ඒ? මිථ්‍යා දෘෂ්ටියකට හසුවෙන්නේ නැතුව, ශාස්වත - උච්ඡේද කියන දෘෂ්ටි දෙකට අහුවෙන්නෙත් නැතුව, සම්මා දිට්ඨියෙන් යුක්තව, සීලවන්ත වෙලා, ආර්ය සත්‍යය අවබෝධයට ඇවිල්ලා, කාමලෝකය ඇත්හැරියා නම්, කොහෙද එයා ගිහිල්ලා උපදින්නේ? එක්කෝ එයා බඹලොව උපදිනවා. නැත්නම් පිරිනිවන් පානවා. ඉතින් මේ උපදේශය ගත්තු ඒ ස්වාමීන් වහන්සේලා බඹලොව ගියේ නෑ. මව්කුස නිදන්න ආවෙත් නෑ. පිරිනිවන් පෑවා.

දැන් ඔබට තේරෙනවද මේ කරණීය මෙත්ත සූත්‍රයේ අර්ථය? මොකද හේතුව සමහර අවස්ථාවලදී ඔබට කවුරු හරි කිව්වොත්, "නෑ... නෑ... කරණීය මෙත්ත සූත්‍රය ගෙවල්වල කියන්න එපා! කිව්වාම භූතයෝ ඇවිස්සෙනවා. භූතයෝ කලබල කරගන්නෙ නැතුව ඉන්න නම් නොකියා ඉන්න..." කියලා, එතකොට අපි මේ අහන්නේ සැබෑ කතාවක් නෙවෙයි.

ඉතින් මෙයින් අපි තේරුම් ගන්න ඕන මෛත්‍රී සිත අපි සියලු දෙනාටම මහත් සේ උපකාරී වෙනවා කියලා. අප සියලු දෙනාටම මෛත්‍රී සිත දියුණු කරගන්න වාසනාව ලැබේවා!

සාදු! සාදු!! සාදු!!!

නමෝ තස්ස භගවතෝ අරහතෝ සම්මාසම්බුද්ධස්ස
ඒ භාග්‍යවත් අරහත් සම්මා සම්බුදුරජාණන් වහන්සේට නමස්කාර වේවා!

මහාමංගල සූත්‍රය
(මංගල කරුණු ගැන වදාළ දෙසුම)

ඒවං මේ සුතං. ඒකං සමයං භගවා සාවත්ථියං විහරති ජේතවනේ අනාථපිණ්ඩිකස්ස ආරාමේ. අථ ඛෝ අඤ්ඤතරා දේවතා අභික්කන්තාය රත්තියා අභික්කන්තවණ්ණා කේවලකප්පං ජේතවනං ඕභාසෙත්වා යේන භගවා තේනුපසංකමි. උපසංකමිත්වා භගවන්තං අභිවාදෙත්වා ඒකමන්තං අට්ඨාසි. ඒකමන්තං ඨිතා ඛෝ සා දේවතා භගවන්තං ගාථාය අජ්ඣභාසි.

මා විසින් මෙසේ අසන ලදී. එක් සමයෙක භාග්‍යවත් බුදුරජාණන් වහන්සේ සැවැත් නුවර ජේතවන නම් වූ අනේපිඬු සිටුතුමාගේ ආරාමයෙහි වැඩවසන සේක. එකල්හී එක්තරා දෙවියෙක් මධ්‍යම රාත්‍රියෙහි මනස්කාන්ත පැහැයකින් යුතුව මුළු දෙව්රම බබුළුවා ගෙන භාග්‍යවතුන් වහන්සේ ළඟට පැමිණියේය. එසේ පැමිණ භාග්‍යවතුන් වහන්සේට ආදරයෙන් වන්දනා කොට එකත්පස්ව සිට ගත්තේය. එකත්පස්ව සිටි ඒ දෙවියා භාග්‍යවතුන් වහන්සේට ගාථාවකින් මෙසේ පැවසුවේය.

1. බහූදේවා මනුස්සා ච - මංගලානි අචින්තයුං
   ආකංඛමානා සොත්ථානං - බ්‍රෑහි මංගලමුත්තමං

බොහෝ දෙවි මිනිස්සුද
- සිතුවෝය මංගල කරුණු ගැන
යහපත කැමති ඔවුනට
- උතුම් මංගල කරුණු ගැන
පහදා දෙන්න මුනිඳුනි

2. **අසේවනා ච බාලානං - පණ්ඩිතානඤ්ච සේවනා**
පූජා ච පූජනීයානං - ඒතං මංගලමුත්තමං

නරක අය නොම ඇසුරද
- කළණමිතුරන් සමග නිති ඇසුරද
පිදිය යුත්තන් පිදුමද
- මේවා උතුම් මඟුල් කරුණුය

3. **පතිරූපදේසවාසෝ ච - පුබ්බේ ච කතපුඤ්ඤතා**
අත්තසම්මාපණිධි ච - ඒතං මංගලමුත්තමං

යහපත් තැනක විසුමද - පෙර කළ පින් තිබීමද
තමා යහමඟ යාමද - මේවා උතුම් මඟුල් කරුණුය

4. **බාහුසච්චඤ්ච සිප්පඤ්ච - විනයෝ ච සුසික්ඛිතෝ**
සුභාසිතා ච යා වාචා - ඒතං මංගලමුත්තමං

බොහෝ දැන උගත් බව
- නොයෙකුත් ශිල්ප දත් බව
විනයකින් යුත බව - මනා කොට හික්මුන බව
සුභාසිත වූ යම් බසක් වෙද
- මේවා උතුම් මඟුල් කරුණුය

5. **මාතාපිතු උපට්ඨානං - පුත්තදාරස්ස සංගහෝ**
අනාකුලා ච කම්මන්තා - ඒතං මංගලමුත්තමං

මව්පිය උපස්ථානය - අඹුදරුවන්ට සැළකුම
මැනැවින් වැඩ කෙරුම
- මේවා උතුම් මඟුල් කරුණුය

6. **දානඤ්ච ධම්මචරියා ච - ඤාතකානඤ්ච සංගහෝ**
අනවජ්ජානි කම්මානි - ඒතං මංගලමුත්තමං

දන් පැන් පිදීමද - දහම තුළ හැසිරීමද
නෑයන්ට සැළකීමද - නිවැරදි දේ කිරීමද
මේවා උතුම් මඟුල් කරුණුය

7. **ආරති විරති පාපා - මජ්ජපානා ච සඤ්ඤමෝ**
අප්පමාදෝ ච ධම්මේසු - ඒතං මංගලමුත්තමං

පවෙහි නොඇලීමද - හැම පවින් වැළකීමද
මත් පැනින් දුරුවීමද - දහම තුළ නොපමාවද
මේවා උතුම් මඟුල් කරුණුය

8. **ගාරවෝ ච නිවාතෝ ච - සන්තුට්ඨී ච කතඤ්ඤුතා**
කාලේන ධම්මසවණං - ඒතං මංගලමුත්තමං

උතුමන්ට ගරු කිරීමද - නිහතමානී වීමද
ලද දෙයින් තුටු වීමද - කෙළෙහි ගුණ සැලකීමද
නිසි කලට බණ ඇසීමද
- මේවා උතුම් මඟුල් කරුණුය

9. **ඛන්තී ච සෝවචස්සතා - සමණානඤ්ච දස්සනං**
කාලේන ධම්මසාකච්ඡා - ඒතං මංගලමුත්තමං

ඉවසන ගුණෙන් යුතු බව - යහපතට අවනත බව
ශ්‍රමණවරු බැහැ දැකුමද - නිසි කල දම් සහාවද
මේවා උතුම් මඟුල් කරුණුය

10. **තපෝ ච බ්‍රහ්මචරියඤ්ච - අරියසච්චානදස්සනං**
නිබ්බාණසච්ඡිකිරියා ච - ඒතං මංගලමුත්තමං

තපසෙහි විසීමද - බඹසරෙහි හැසිරීමද
ආර්ය සත්‍යයන් දැකීමද - නිවන අවබෝධ වීමද
මේවා උතුම් මඟුල් කරුණුය

11. **ඵුට්ඨස්ස ලෝකධම්මේහි - චිත්තං යස්ස න කම්පති**
අසෝකං විරජං ඛේමං - ඒතං මංගල මුත්තමං

අටලෝ දහම එන විට
- නොසැලේද යමෙකුගෙ සිත
සෝක නැති කෙලෙසුන් නැති
- බියක් නැති තැන සිටි විට
මේවා උතුම් මඟුල් කරුණුය

12. **ඒතාදිසානි කත්වාන - සබ්බත්ථමපරාජිතා**
සබ්බත්ථ සොත්ථිං ගච්ඡන්ති තං
- තේසං මංගලමුත්තමන්ති

මේ අයුරින් කටයුතු කොට
- අපරාජිත වී හැම තැන
යහපතටම යති හැම තැන - එය ඔවුන් හට
- උත්තම මඟුල් කරුණුය

ඒතේන සච්චේන සුවත්ථි හෝතු

මේ සත්‍යානුභාවයෙන් සැමට සෙත් වේවා!

රතන සූත්‍රය
(මැණික් ගැන වදාළ දෙසුම)

01. යානීධ භූතානි සමාගතානි
භුම්මානි වා යානිව අන්තලික්ඛේ
සබ්බේව භූතා සුමනා භවන්තු
අථෝපි සක්කච්ච සුණන්තු භාසිතං

භූත පිරිස් කිසිවෙකු මෙහි සිටිත්ද රැස්වුන
අහසේ හෝ පොළොවේ හෝ ඒ හැම එක්වුන
සියලු භූතයෝ සැප ඇති සිත් ඇතිවෙත්වා !
එමෙන්ම මා පවසන දෙය හොඳින් අසත්වා !

02. තස්මා හි භූතා නිසාමේථ සබ්බේ
මෙත්තං කරෝථ මානුසියා පජාය
දිවා ච රත්තෝ ච හරන්ති යේ බලිං
තස්මා හි නේ රක්ඛථ අප්පමත්තා

සියලු භූතයිනි එනිසා - අසව් යොමා සිත
මෙත් සිත පතුරව් නිතරම - හැම මිනිසුන් වෙත
ඒ කිසිවෙක් තොපට පින් - දිව රෑ පුද දෙත
පමා නොවී තෙපි ඒ හැම - නිති සුරැකිය යුත

03. යං කිඤ්චි විත්තං ඉධ වා හුරං වා
සග්ගේසු වා යං රතනං පණීතං
න නෝ සමං අත්ථි තථාගතේන
ඉදම්පි බුද්ධේ රතනං පණීතං
ඒතේන සච්චේන සුවත්ථි හෝතු

මෙහි හෝ පරලොව හෝ ඇති
- යම් වස්තුවකට
දෙව්ලොව හෝ තිබෙනා යම්
- උතුම්ම මැණිකට
නොහැකිය ගන්නට කිසි විට
- බුදු රජ සම කොට
මෙය බුදු සමිඳුගෙ පවතින - උතුම්ම මැණිකකි
සැබෑ බසින් මෙම - සෙත සැලසේවා!

04. **ඛයං විරාගං අමතං පණීතං**
යදජ්ඣගා සක්‍යමුනී සමාහිතෝ
න තේන ධම්මේන සමත්ථි කිඤ්චි
ඉදම්පි ධම්මේ රතනං පණීතං
ඒතේන සච්චේන සුවත්ථි හෝතු

කෙලෙස් නසන වීතරාගි - අමා නිවන යුතු
යම් දහමක් ලැබුයේ නම් - මුනිඳු සමාහිත
ඒ දහමට සම කළ හැකි - කිසිවක් ලොව නැත
මෙය සදහම් තුළ පවතින - උතුම්ම මැණිකකි
සැබෑ බසින් මෙම - සෙත සැලසේවා!

05. **යං බුද්ධසෙට්ඨෝ පරිවණ්ණයී සුචිං**
සමාධිමානන්තරිකඤ්ඤමාහු
සමාධිනා තේන සමෝ න විජ්ජති
ඉදම්පි ධම්මේ රතනං පණීතං
ඒතේන සච්චේන සුවත්ථි හෝතු

බුදු සමිඳුන් අගය කළේ - "හොඳ" යයි යමකට
සමාධියයි එය, අතරක - නොරැඳෙන කිසිවිට
ගත නොහැකිය කිසිවක් ඒ - සමවත සම කොට
මෙය සදහම් තුළ පවතින - උතුම්ම මැණිකකි

සැබෑ බසින් මෙම - සෙත සැලසේවා!

06. **යේ පුග්ගලා අට්ඨ සතං පසත්ථා**
චත්තාරි ඒතානි යුගානි හොන්ති
තේ දක්ඛිණෙය්‍යා සුගතස්ස සාවකා
ඒතේසු දින්නානි මහප්ඵලානි
ඉදම්පි සංඝේ රතනං පණීතං
ඒතේන සච්චේන සුවත්ථි හෝතු

පුද්ගලයෝ අට දෙනෙක්ය - හොඳ අය පසසන
හතර දෙනෙකි මේ උතුමන් - යුගළ විලස ගෙන
මේ අය බුදු සව්වෝ වෙති - දනට සුදුසු වන
මහත් ඵලය ලැබදෙයි - මෙතුමන්ට පුදන දන
මෙය බුදු පිරිසෙහි පවතින - උතුම්ම මැණිකකි
සැබෑ බසින් මෙම - සෙත සැලසේවා!

07. **යේ සුප්පයුත්තා මනසා දළ්හේන**
නික්කාමිනෝ ගෝතමසාසනම්හි
තේ පත්තිපත්තා අමතං විගය්හ
ලද්ධා මුධා නිබ්බුතිං භුඤ්ජමානා
ඉදම්පි සංඝේ රතනං පණීතං
ඒතේන සච්චේන සුවත්ථි හෝතු

යමෙක් පිළිවෙතින් යුතු වෙද - මනසින් දැඩි කොට
නික්මෙන හැම කෙලෙසුන් ගෙන්
- බුදු සසුනෙහි සිට
ඒ උතුමන් පැමිණිය පසු - සුන්දර නිවනට
වළඳති සුවසේ නිවනම - සිතූ සිතූ විලසට
මෙය බුදු පිරිසෙහි පවතින - උතුම්ම මැණිකකි
සැබෑ බසින් මෙම - සෙත සැලසේවා!

08. යථින්දඛීලෝ පඨවිංසිතෝසියා
චතුබ්භි වාතේභි අසම්පකම්පියෝ
තථූපමං සප්පුරිසං වදාමි
යෝ අරියසච්චානි අවෙච්ච පස්සති
ඉදම්පි සංඝේ රතනං පණීතං
ඒතේන සච්චේන සුවත්ථි හෝතු

සිට වූ ගල්ටැඹක් විලස - පොළොවේ දැඩි ලෙස
සතර දිගින් එන සුළඟින් - නොසැලේ කිසි ලෙස
යමෙක් "ආර්ය සත්‍ය" දකිත් නම්
- මෙහි ඇති ලෙස
ඒ සත්පුරුෂයට කියමි මෙය - උපමා ලෙස
මෙය බුදු පිරිසෙහි පවතින - උතුම්ම මැණිකකි
සැබෑ බසින් මෙම - සෙත සැලසේවා!

09 යේ අරිය සච්චානි විභාවයන්ති
ගම්භීරපඤ්ඤේන සුදේසිතානි
කිඤ්චා'පි තේ හොන්ති භුසප්පමත්තා
න තේ භවං අට්ඨමං ආදියන්ති
ඉදම්පි සංඝේ රතනං පණීතං
ඒතේන සච්චේන සුවත්ථි හෝතු

ගැඹුරු නුවණ ඇති බුදු සමිඳුන් - පවසන ලද
"ආර්ය සත්‍යයන්" මැනැවින් දුටු - යමෙකුන් වෙද
භවයේ රැඳෙමින් කොතරම් - පමාව සිටියද
ඔවුන් නොඑත්මය අටවැනි - භවයට කිසි ලෙද
මෙය බුදු පිරිසෙහි පවතින - උතුම්ම මැණිකකි
සැබෑ බසින් මෙම - සෙත සැලසේවා!

10. සහාවස්ස දස්සනසම්පදාය
තයස්සු ධම්මා ජහිතා භවන්ති

සක්කායදිට්ඨී විචිකිච්ඡිතඤ්ච
සීලබ්බතංවා'පි යදත්ථි කිඤ්චි
චතූහපායේහි ච විප්පමුත්තෝ
ඡචාභි ඨානානි අභබ්බෝකාතුං
ඉදම්පි සංඝේ රතනං පණීතං
ඒතේන සච්චේන සුවත්ථි හෝතු

ඔහු තුළ ඇති වන විටදිම - මඟ පල නුවණත්
සංයෝජන තුනක්ම දුරු වෙයි - තම සිතිනුත්
සක්කාය දිට්ඨියත් සමඟ - දහමේ සැකයෙනුත්
සීල ව්‍රතයට බැඳී තිබෙන - මේ කරුණේනුත්
සතර අපායෙන් හෙතෙමේ - මිදෙයි මනාකොට
නොකරයි සය තැනක කර්ම - වැටෙන අපායට
මෙය බුදු පිරිසෙහි පවතින - උතුම්ම මැණිකකි
සැබෑ බසින් මෙම - සෙත සැලසේවා!

11. **කිඤ්චා'පි සෝ කම්මං කරෝති පාපකං**
කායේන වාචා උද චේතසා වා
අභබ්බෝ සෝ තස්ස පටිච්ඡාදාය
අභබ්බතා දිට්ඨපදස්ස වුත්තා
ඉදම්පි සංඝේ රතනං පණීතං
ඒතේන සච්චේන සුවත්ථි හෝතු

කිසියම් පව් කමක් ඔහුගෙ අතින් කෙරුන විට
කයින් වචනයෙන් හෝ චේතනාව මුල් කොට
එය සඟවා ගෙන සිටින්ට නොහැකිය ඔහු හට
දහමකි මෙය සදහම් දැකගත්තු කෙනා හට
මෙය බුදු පිරිසෙහි පවතින - උතුම්ම මැණිකකි
සැබෑ බසින් මෙම - සෙත සැලසේවා!

12. වනප්පගුම්බේ යථාඵුස්සිතග්ගේ
ගිම්හානමාසේ පඨමස්මිංගිම්හේ
තථූපමං ධම්මවරං අදේසයී
නිබ්බාණගාමිං පරමං හිතාය
ඉදම්පි බුද්ධේ රතනං පණීතං
ඒතේන සච්චේන සුවත්ථි හෝතු

ගිම්හානේ පළමුව එන - වසන්ත කාලෙට
මල් පල බර වෙයි වනගොමුවල - සිරියාවට
දෙසූ සේක උත්තම සිරි සදහම් - එලෙසට
පරම සුවය සදමින් එය - ගෙන යයි නිවනට
මෙය බුදු සමිඳුගේ පවතින - උතුම්ම මැණිකකි
සැබෑ බසින් මෙම - සෙත සැලසේවා!

13. වරෝ වරඤ්ඤූ වරදෝ වරාහරෝ
අනුත්තරෝ ධම්මවරං අදේසයී
ඉදම්පි බුද්ධේ රතනං පණීතං
ඒතේන සච්චේන සුවත්ථි හෝතු

උතුම් මුනිඳු උතුම් දහම් දැන - එය බෙදමින
දෙසූ සේක උතුම් අනුත්තර - සදහම් බණ
මෙය බුදු සමිඳුගෙ පවතින - උතුම්ම මැණිකකි
සැබෑ බසින් මෙම - සෙත සැලසේවා!

14. ඛීණං පුරාණං නවං නත්ථි සම්භවං
විරත්තචිත්තා ආයතිකේ භවස්මිං
තේ ඛීණබීජා අවිරූළ්හිච්ඡන්දා
නිබ්බන්ති ධීරා යථායංපදීපෝ
ඉදම්පි සංඝේ රතනං පණීතං
ඒතේන සච්චේන සුවත්ථි හෝතු

වැනසුණි හැම පැරණි කර්ම
- යළි නොම රුස්වෙන
නොඇලෙයි සිත අනාගතේ - කිසි භවයක් ගැන
වැනසී ගිය බිජුවට කිසිදා - නොම පැළවෙන
නිවෙති රහත් සඟ නිවෙනා - මෙ පහන විලසින
මෙය බුදු පිරිසෙහි පවතින - උතුම්ම මැණිකකි
සැබෑ බසින් මෙම - සෙත සැලසේවා!

15. **යානීධ භූතානි සමාගතානි
භුම්මානි වා යානිව අන්තලික්ඛෙ
තථාගතං දේවමනුස්ස පූජිතං
බුද්ධං නමස්සාම සුවත්ථි හෝතු**

භූත පිරිස් කිසිවෙකු මෙහි සිටිත්ද රුස්වුන
අහසේ හෝ පොළොවේ හෝ ඒ හැම එක්වුන
දෙව් මිනිසුන් හැම පුද දෙන "බුදු සමිඳුන්" වන
නමදිමු අපි ඒ බුදු රජ - සෙත සැලසේවා!

16. **යානීධ භූතානි සමාගතානි
භුම්මානි වා යානිව අන්තලික්ඛෙ
තථාගතං දේවමනුස්ස පූජිතං
ධම්මං නමස්සාම සුවත්ථි හෝතු**

භූත පිරිස් කිසිවෙකු මෙහි සිටිත්ද රුස්වුන
අහසේ හෝ පොළොවේ හෝ ඒ හැම රුස් වුන
දෙව් මිනිසුන් හැම පුද දෙන "බුදු සමිඳුන්" වන
නමදිමු අපි සිරි සදහම් - සෙත සැළසේවා!

17. **යානීධ භූතානි සමාගතානි
භුම්මානි වා යානිව අන්තලික්ඛෙ
තථාගතං දේවමනුස්ස පූජිතං**

සංඝං නමස්සාම සුවත්ථි හෝතු

භූත පිරිස් කිසිවෙකු මෙහි සිටිත්ද රැස්වුන
අහසේ හෝ පොළොවේ හෝ ඒ හැම රැස්වුන
දෙව් මිනිසුන් හැම පුද දෙන "බුදු සමිඳුන්" වන
නමදිමු අපි බුදු පිරිසද - සෙත සැළසේවා!

ඒතේන සච්චේන සුවත්ථි හෝතු
මේ සත්‍යානුභාවයෙන් සැමට සෙත් වේවා!

කරණීයමෙත්ත සූත්‍රය
(මෙත් පැතිරවීම ගැන වදාළ දෙසුම)

01. කරණීයමත්ථකුසලේන
යං තං සන්තං පදං අභිසමෙච්ච
සක්කෝ උජූ ච සූජූ ච
සුවචෝ චස්ස මුදු අනතිමානී

නිවනට යන මඟ සිටින පතාගෙන
ඇද නැති බව සිත තුළ රඳවාගෙන
සුවච සුමුදු ගුණ ඇති කරවාගෙන
කළ යුතුමය අතිමාන නසාගෙන

02. සන්තුස්සකෝ ච සුභරෝ ච
අප්පකිච්චෝ ච සල්ලහුකවුත්තී
සන්තින්ද්‍රියෝ ච නිපකෝ ච
අප්පගබ්භෝ කුලේසු අනනුගිද්ධෝ

සතුටුව ලද දෙයකින් සුව සේ හිඳ
අඩු කොට වැඩ නිති සැහැල්ලුවෙන් ඉඳ

දමනය කළ ඉඳුරන්ද නුවණ මැද
හිත මිතුරුව කුලයේ නොඇලෙන සඳ

03. **න ච ඛුද්දං සමාචරේ කිඤ්චි**
යේන විඤ්ඤූ පරේ උපවදෙය්‍යුං
සුඛිනෝ වා ඛේමිනෝ හොන්තු
සබ්බේ සත්තා භවන්තු සුඛිතත්තා

නුවණැතියන්ගෙන් දොස් නොලබන්නේ
සුළු වරදක් හෝ නොම කරමින්නේ
බිය නැති සැප ඇති දිවි පතමින්නේ
සියලු සතුන් හට මෙත් පතුරන්නේ

04. **යේ කේචි පාණභූතත්ථි**
තසා වා ථාවරා වා අනවසේසා
දීඝා වා යේ මහන්තා වා
මජ්ඣිමා රස්සකාණුකථූලා

බියපත් නැති ගත් සතුන්ද වේවා
බිය සැක දුරු කළ රහතුන් වේවා
ලොකු පොඩි දිග මහ සතුන්ද වේවා
සැමට සැපත ඇති සිත් ඇති වේවා

05. **දිට්ඨා වා යේව අද්දිට්ඨා**
යේ ච දූරේ වසන්ති අවිදූරේ
භූතා වා සම්භවේසීවා
සබ්බේ සත්තා භවන්තු සුඛිතත්තා

පෙනෙන නොපෙනෙනා සතුන්ද වේවා
දුර ළඟ වසනා සතුන්ද වේවා
ඉපදුන-ඉපදෙන සතුන්ද වේවා
සැමට සැපත ඇති සිත් ඇති වේවා

06. න පරෝ පරං නිකුබ්බේථ
නාතිමඤ්ඤේථ කත්ථචි නං කඤ්චි
බ්‍යාරෝසනා පටිඝසඤ්ඤා
නාඤ්ඤමඤ්ඤස්ස දුක්ඛමිච්ඡෙය්‍ය

කිසිවෙක් කිසිවෙකු නොම රවටාවා
කිසි තැනකදි ඉහළින් නොසිතාවා
නපුරු දරුණු බස් නොම පවසාවා
අනෙකෙකුගේ දුක කැමති නොවේවා

07. මාතා යථා නියං පුත්තං
ආයුසා ඒකපුත්තමනුරක්ඛේ
ඒවම්පි සබ්බභූතේසු
මානසං භාවයේ අපරිමාණං

තම දිවි සම කොට පුතු සුරකින්නේ
එකම පුතෙකු ඇති මව් විලසින්නේ
මෙලෙසට ලොව සැම සතුන් දකින්නේ
අපමණ මෙත් සිතමය පතුරන්නේ

08. මෙත්තං ච සබ්බ ලෝකස්මිං
මානසං භාවයේ අපරිමාණං
උද්ධං අධෝ ච තිරියඤ්ච
අසම්බාධං අවේරං අසපත්තං

සියළු ලොවට එක ලෙස සලකන්නේ
උඩ-යට-සරසට හැම විලසින්නේ
වෛර සතුරු බාධා නැතිවන්නේ
අපමණ මෙත් සිතමය පතුරන්නේ

09. තිට්ඨං චරං නිසින්නෝ වා
සයානෝ වා යාවතස්ස විගතමිද්ධෝ

ඒතං සතිං අධිට්ඨෙය්‍ය
බ්‍රහ්මමේතං විහාරං ඉධමාහු

සිටගෙන ඇවිදින හෝ හිඳිනා විට
නිදන වෙලාවට හෝ නොනිදන විට
සිහි කළ යුතු මෙත් සිතමය හැම විට
බඹවිහරණ ලෙස පවසයි එම විට

10. දිට්ඨිං ච අනුපගම්ම සීලවා
දස්සනේන සම්පන්නෝ
කාමේසු විනෙය්‍ය ගේධං
නහි ජාතු ගබ්බසෙය්‍යං පුනරේති ති

මිසදිටුවක සිත නොම පැටලෙමිනේ
සිල් ගුණ දම් රැක යන මඟ නිවනේ
කම් සැපයට කිසි විට නොඇලෙමිනේ
මව් කුස නිදනට යළි නොම පැමිණේ

ඒතේන සච්චේන සුවත්ථී හෝතු
මේ සත්‍යානුභාවයෙන් සැමට සෙත් වේවා!

මහාමේඝ ප්‍රකාශන